Weben

Weben

Seit mehr als 4000 Jahren wird die Handweberei zur Herstellung von Geweben ausgeübt. Der einfache Webvorgang beruht auf der rechtwinkligen Verkreuzung zweier Fadensysteme. Die Fäden der Längsrichtung nennt man Kettfäden und die Fäden der Querrichtung Schußfäden. Durch das Verkreuzen der Fäden entsteht die Bindung, die dem Gewebe einen bestimmten Charakter gibt. Im Laufe der Jahre hat der Handwebrahmen viele Stufen der Entwicklung durchgemacht. Nach ganz primitiver anfänglicher Webart entwickelte man einen Webstuhl, der noch heute in manchen Gegenden zu finden ist. Die kleinen erhältlichen Webapparate für den Hausgebrauch arbeiten meist mit 2 Schäften, durch die, der jeweiligen Beschreibung entsprechend, die Kettfäden gezogen werden. Durch Heben und Senken der Schäfte wird das erforderliche Fach gebildet,

durch das ein Schiffchen mit dem Schußfaden geführt wird. Die einfachen Bindungen, die auf jedem zweischäftigen Apparat gewebt werden können, zeigen die Abbildungen. Wir arbeiteten die Muster ohne Webrahmen und spannten die Kettfäden über eine starke Pappe. Die Schußfäden werden eingestopft. Als Material verwendeten wir Sportwolle. Für das Muster auf Seite 1 werden die Kettfäden im Abstand von 2 mm gespannt in der Farbfolge: 2 Fäden rot, 2 Fäden weiß, 2 Fäden rot und 6 Fäden weiß im Wechsel. In der gleichen Farbfolge sind die Schußfäden einzustopfen. Bei dem Muster auf Seite 2 werden die Kettfäden ebenfalls im Abstand von 2 mm gespannt, abwechselnd 3 weiße Fäden und 1 brauner Faden. Für den Schußwechsel 1 weißer und 1 brauner Faden ab. In der Mitte wurde das Muster versetzt, nachdem 2 braune Fäden aufeinander folgten. Für das Hahnentrittmuster

werden abwechselnd 2 weiße und 2 braune Kettfäden im Abstand von je 2 mm gespannt. Durch das Versetzen der Fäden beim Einstopfen der Schußfäden entsteht das Hahnentrittmuster, abwechselnd 2 Fäden weiß und 2 Fäden braun. Das versetzte Karomuster oben entsteht durch 2 von einer Farbe aufeinanderfolgende Kett- und Schußfäden. Man spannt im Abstand von 2 mm im Wechsel 2 blaue Fäden, 1 weißen, 1 blauen, 1 weißen, 1 blauen, 1 weißen, 1 blauen und 1 weißen Faden. Den Schuß stopft man in gleicher Farbfolge.

Die beschriebenen Muster sind durch verschiedene Anordnung der Kett- und Schußfäden entstanden, und es gibt viele Möglichkeiten, weitere Muster zu entwerfen, siehe die Abbildung rechts. Hat man auf diese Weise Freude am Weben gefunden, lohnt es, einen Flachwebrahmen zu kaufen.

Flachleinenbindung

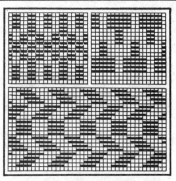

Die Abbildungen auf diesen Seiten zeigen 2 Möglichkeiten, wie farbige Fäden einer einfachen Leinenbindung eingewebt werden können.

Das Blumenmotiv entsteht nach einer Zeichnung, und für die schmalen Kanten verwendet man Zählmuster.

Man braucht eine entsprechend große Pappe und zeichnet die Punkte für die Kettfäden in 2 mm Entfernung auf. Nach dem Durchstechen dieser Punkte werden die Kettfäden mit gelber Wolle gespannt. Zwischen Pappe und Kettfäden wird die Zeichnung geschoben und die Schußfäden können eingestopft werden. Die Probe zeigt erst ein Stück glattes Gewebe in der Farbe der Kettfäden. Am unteren Blattrand beginnt dann mit orangefarbener Wolle das Einstopfen des Musters. Dafür wird über den letzten gewebten Schußfaden im gleichen Kettfadenwechsel der orangefarbene, gleichstarke Faden eingestopft. Anschließend folgt wieder ein gelber Schußfaden und darüber, etwas länger als es die untergelegte Zeichnung erfordert, in gleicher Weise wieder ein orangefarbener Faden. Die Probe zeigt deutlich den Kettfadenwechsel.

Für die Musterkanten auf der Nebenseite werden andersfarbige Fäden während des Stopfvorganges eingelegt. Die Kettfäden werden in 2 mm Abstand gespannt und in gleicher Farbe die Schußfäden in Leinenbindung eingestopft. Das Muster in abweichender Farbe entsteht durch Aufnehmen und Liegenlassen einer beliebigen Anzahl Kettfäden, wie an der Probe deutlich erkennbar ist.

Schußrips

Auch bei Schußrips ist die Grundlage die Leinenbindung, und doch wird eine ganz andere Webart erreicht. Bei Flachleinenbindung muß für Kette und Schuß gleiches Material verwendet werden, denn deutlich sieht man auf den Proben, wie Kett- und Schußfäden gleichmäßig zu sehen sind, also die gleiche Dichte aufweisen.

Bei Schußrips nimmt man für die unsichtbare Kette ein Baumwoll- oder Hanfmaterial und muß für den Schuß ein ganz anderes Material wählen, wie Wolle, Perlgarn oder dergleichen. Die Kettfäden müssen hier weitläufiger und straffer gespannt werden, damit man die Schußfäden leichter und dichter anschieben kann und die Kettfäden vollkommen verschwinden. Bei unseren drei Proben liegen 5 mm zwischen den einzelnen Kettpunkten, und mittelstarke Sportwolle ist zum Weben verwendet worden.

Bei der Probe auf Seite 6 entstehen Querstreifen durch mehrfaches Schießen mit der gleichen Farbe und die Längsstreifen durch abwechselndes Schießen mit zwei Farben.

Die Proben auf Seite 7 zeigen die sogenannte Schwedentechnik. Hier bilden eingelegte doppelte Fäden das Muster. Als Grund ist Schußrips gewebt. Bei der oberen Probe sind mehrere Farben zur Bildung des Musters gewählt, und deutlich erkennt man, über wieviel Kettfäden auf der oberen Seite der doppelte Musterfaden liegt und wieviel Fäden er rückwärts bis zur nächsten Form übergeht. Die nicht gebrauchten Arbeitsfäden läßt

Schußrips

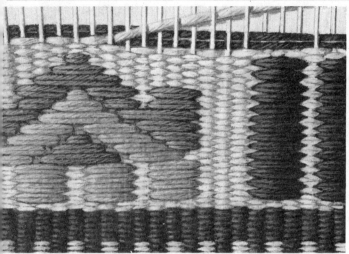

man stets am Rande hängen und webt von der Seite aus, wo der betreffende Faden hängt. Nach jeder Musterreihe folgen drei Schuß der Grundfarbe.

Auf gleiche Weise ist auch die unterste Probe gearbeitet. Hier bilden geometrische Formen das Muster im einfarbigen Grund, und gleichzeitig ist hier gezeigt, wie ein Schußfaden im Bogen nach oben gelegt und dann erst angeschlagen wird. Dadurch vermeidet man das Zusammenziehen der Kettfäden.

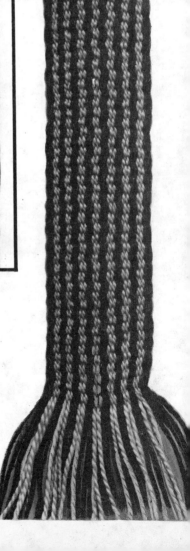

Teppichknüpfen

Auf der Nebenseite zeigen wir drei Borten in Kettrips. Bei Schußrips muß die Kette straff gespannt werden, und der Schuß muß die Kette vollkommen decken. Bei Kettrips muß die Kette dichter als beim Schußrips gespannt werden, der hin- und zurücklaufende Schußfaden muß die Kettfäden so dicht aneinanderziehen, daß kein Schuß sichtbar ist. Beim Schußrips ist es trotz dichter Webart noch möglich, durch verschiedenen Farbwechsel oder durch das Einlegen anderen Fadenmaterials, schöne Muster zu gestalten. Beim Kettrips kann man nur Streifenmuster gestalten, wie deutlich bei den Borten zu sehen ist. An der rechten Borte haben wir am unteren Rand die Kettfäden offengelassen, damit man erkennt, wie dicht die Kettfäden liegen. Wir nahmen für Kette und Schuß Perlgarn. Diese Webart läßt sich auf dem kleinen Lehrwebrahmen sehr gut und in jeder Länge herstellen, denn es ist leicht, wenn man mit einem Kamm das Fach bildet und auf einem Webschiffchen den Schußfaden aufwickelt.

Die Abbildung auf dieser Seite zeigt den Ausschnitt eines Teppichs auf Aidastoff. Beschreibung auf folgenden Seiten.

9

Teppichknüpfen

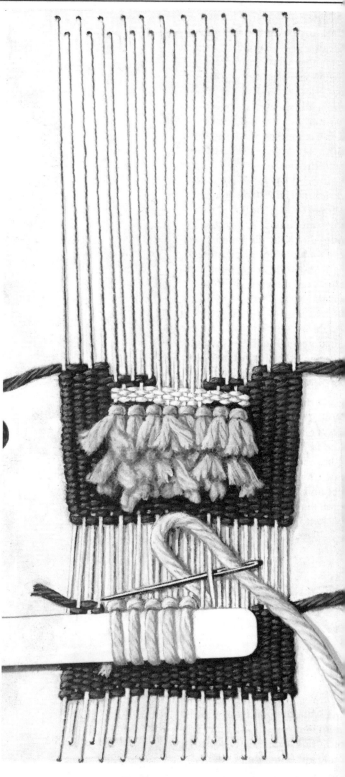

Sehr beliebt ist die Teppichknüpfarbeit. Wer kennt nicht die wundervollen orientalischen Teppiche, die ebenfalls auf Webrahmen hergestellt werden. Wir wollen hier im groben Maßstab den Arbeitsgang solcher Arbeiten zeigen und haben versucht, auf der nebenstehenden Probe den Arbeitsvorgang, als schmalen Streifen zusammengedrückt, zu zeigen. Auf Flachwebrahmen könnte man aus Sportwolle und starkem Häkelgarn als Kette schmale Behänge und Polster auf diese Art herstellen. Für Teppiche spannt man, wie die nebenstehende Abbildung zeigt, die Kette aus Kettgarn oder starkem Hanffaden (hier in 3 mm Abstand). Damit sich die Teppichränder nicht umrollen, muß man am Anfang, an den Seitenrändern und am Ende den sogenannten Vorschlag weben. Man braucht dafür mittelstarke Wolle, mit der man am Anfang 1½ cm breit über alle Kettfäden, an jeder Seite über 4 Kettfäden und zuletzt wieder 1½ cm breit über alle Kettfäden Schußrips webt. Hat man zu Beginn 1½ cm breit den unteren Rand und beiderseitig ein paar Schuß für die Ränder gewebt, beginnt man mit dem Einknüpfen der ersten Knotenreihe, wofür man eine sehr starke oder mittelstarke Wolle doppelt verwendet. Den Arbeitsfaden fädelt man in eine starke stumpfe Sticknadel, nimmt den erste Kettfaden von rechts nach links mit der Nadel auf, legt den Faden zur Schlinge nach oben, nimmt auf gleiche Weise den zweiten Kettfaden auf und zieht fest an.

10 Nun wird der Faden über einen

Teppichknüpfen

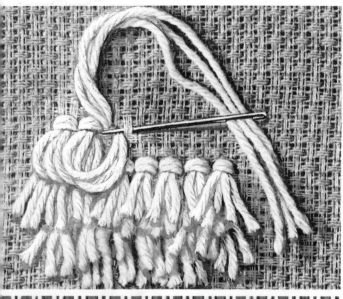

tenreihe muß man von den seitlichen Rändern aus mit Wollgarn über 9 Kettfäden 2 Schuß ausführen, damit die Ränder Zusammenhang mit der Arbeit haben. Auf der oberen Probe sieht man deutlich, wie danach beiderseitig die Ränder weiter gewebt sind, über die mittleren Kettfäden 4 Schuß mit dem Kettfädenmaterial gewebt und danach von den seitlichen Rändern aus wieder über je 9 Kettfäden gewebt wurde. Nimmt man weniger als 4 Schuß Kettenmaterial, so kann das Muster leicht in die Breite gezogen werden. Man kann die Knüpfarbeiten nach jedem Zählmuster ausführen und aus diesem Grunde muß man darauf achten, daß die Muster wie beim Kreuzstich quadratisch erscheinen. Ein Kästchen des Zählmusters bedeutet stets 1 Knoten.

Auf maschinell hergestellten Grundstoffen können ebenfalls nach Zählmustern Teppiche gearbeitet werden. Für die untere Probe nahmen wir Stramin oder Kongreßstoff. Es ist eine Nachbildung von Kett- und Schußfäden aus starkem Hanfmaterial. Um die Kettfäden werden die gleichen Knoten genäht wie beim Weben. Für die Probe oben nahmen wir Aidastoff, und für jeden Knoten braucht man in der Breite zwei Gewebekaros. Nach 2 Gewebekaros in der Höhe folgt die nächste Knotenreihe. Wir nähten hier ohne Stab und schnitten die Schlingen nach Vollendung jeder Reihe auf. Auf diese Art kann man die langsträhnigen echten finnischen Teppiche nachbilden. Die Schlingen kann man nach Belieben kurz oder lang

½ cm breiten Stab wieder ach hinten gelegt und der folgende Knoten gearbeitet. Vor edem folgenden Knoten muß er Faden um den Stab gelegt verden. Hat man einen Stab mit Rille am unteren Rand, kann man die Schlingen sehr gut aufschneiden, andernfalls muß man den Stab herausziehen und die Schlingen einzeln aufschneiden. Auf jede Kno-

Teppichknüpfen

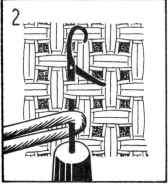

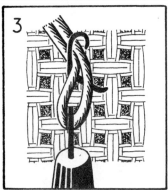

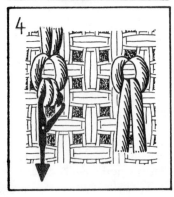

hängen lassen oder über einen entsprechenden Stab arbeiten. Wie bei der Weberei müssen auch bei Stickerei alle Reihen von links nach rechts genäht werden. Das Muster auf Seite 9 haben wir auf Aidastoff mit dicker Wolle ausgeführt.
Die farbigen Abbildungen auf dieser Seite und der Nebenseite zeigen Auschnitte aus Wandteppichen, die nach Zählmustern gearbeitet wurden. Beliebig lange Fäden (ca. 6 cm) werden mit der Häkelnadel oder einer Maschenfangnadel vom Strickapparat dem Stramin oder Aidastoff eingeknüpft.

1. Man legt den Knüpffaden zur Hälfte zusammen und steckt die Maschenfangnadel durch die Schlinge.
2. Dann schiebt man die Maschenfangnadel abbildungsgemäß in den Stoff.
3. Beide Enden des Fadens werden in den Haken der Nadel gelegt.
4. Den geschlossenen Haken zieht man durch die Schlinge.

Teppichknüpfen

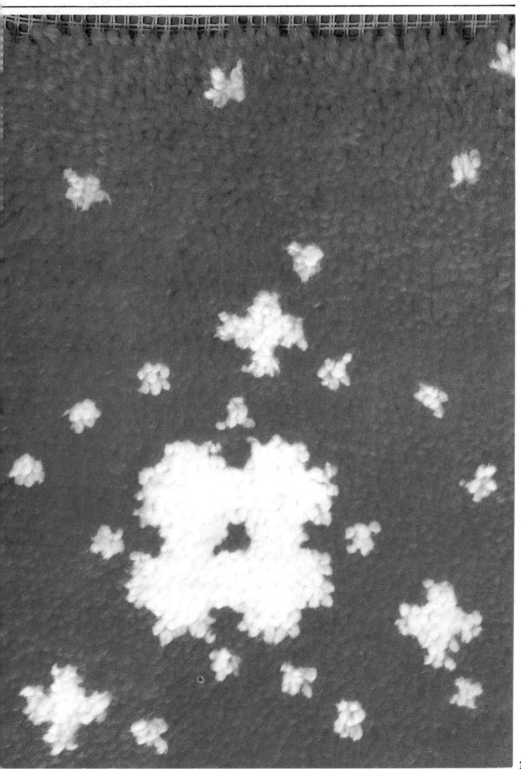

Gobelin

Sehr amüsant ist die bekannte Gobelinweberei, auch Bildweberei genannt. Für diese Arbeiten kann man kleine oder große 2schäftige Apparate benutzen. Auf Seite 15 zeigen wir zwei Arbeiten, wofür wir die Kette über Pappe spannten. Im voraus sei gesagt, daß man zur Ausführung solcher Arbeiten etwas zeichnerisches Talent, zumindest aber Formgefühl haben muß. Die Gobelinweberei gehört zur Schußripsleinenbindung. Hierfür muß die Kette unbedingt aus einem festen Material und in kleinen Abständen gespannt werden. Für den dichten Schuß, der die Kettfäden vollkommen decken muß, kann man jedes Material verwenden. Die einzelnen Arbeitsfäden fädelt man in stumpfe Sticknadeln ein und stopft, selbst wenn man einen Webapparat benutzt, die einzelnen Formen in die Kettfäden ein. Für solche Arbeiten ist immer ein großes Farbsortiment erforderlich und wer sich einmal damit befaßt hat, wird bald erkennen, daß man mit dem Kamm gar kein Fach bilden kann, weil man nicht durchgehende Reihen, sondern in einzelnen Stücken weben muß. Arbeitet man auf einem Apparat, so ist der Kamm nur dazu da, die Kettfäden in der gleichen Entfernung voneinander zu halten. Man kann aber auch die Webfäden als kleine Bündel wickeln und diese durch die Kettfäden hin- und herführen, wenn man größere Flächen webt. Dabei ist es ratsam, den Webkamm als Unterstützung zu nehmen, der dann stückweise ein Fach bildet. Ornamentale Muster werden nach Zählmuster, hingegen Bildwebereien nach freier Zeichnung gearbeitet. Webt man nach Zählmuster, so braucht man für jede senkrechte Kästchenreihe 1—2 Kettfäden und für jede waagerechte Kästchenreihe 6—8 Schußfäden. Natürlich kommt es auf die Art des Webmaterials und auf die Festigkeit des Anschlages an. Bei dünnen Schußfäden muß man ein paar Schüsse mehr rechnen als bei starkem Material, damit das Muster die gleichen Formen erhält wie auf dem Zählmuster ersichtlich. Für einfache großzügige Muster stellt man sich eine Schemazeichnung mit genauen Maßangaben auf, da es bei solchen Arbeiten nicht auf die Anzahl der Schüsse ankommt. Beim Weben ist die dem Webenden zugewandte Seite die linke Seite der Arbeit, daher muß man bei figürlichen Darstellungen und einseitigen Mustern das Muster seitenverkehrt weben, um auf der rechten Seite das richtige Bild zu erhalten. Geometrische Muster brauchen nicht im Spiegelbild gewebt zu werden. Hat man Gelegenheit, an alten Gobelins die Rückseite zu betrachten, so findet man dort lose hängende Anfangs- und Schlußfäden der einzelnen Farben. Man webt also immer in einzelnen Phasen die jeweiligen Farbflächen und außer den vielen Anfangs- und Endfäden erhält man noch zwischen den Farbblöcken Schlitze. Auf der unteren Probe der Nebenseite, für die wir geometrische Formen wählten, sehen wir, wie durch die Musterung kurze und längere Schlitze entstehen. Man kann natürlich auch die geschlossene Webart, wie die obere Probe zeigt, wählen. Dabei wendet man mit den Schußfäden von zwei aneinanderstoßenden Farbformen an dem gleichen Kettfaden oder man kreuzt beide Schußfäden zwischen zwei Kettfäden. Durch diesen Vorgang erhält man keine so glatten Ränder wie bei der unteren Probe. Je dichter die Kettfäden nebeneinander liegen, desto weniger fallen die Schlitze auf. Für den Streifen auf Seite 16 ist die Kette aus festem dünnem Kettgarn (auch starkem Häkelgarn) in einem Punktabstand von 3 mm gespannt. Rumänische Originalmotive nahmen wir für das Zählmuster und rechneten für jede Längsreihe einen Kettfaden und für jede Querreihe 4—6 Schüsse, da die verwendete Sportwolle verschieden stark war. Wir webten zuerst die hell- und dunkelbraunen kleinen Motive unterhalb der ersten Mittelmotive, dann einen Teil vom hellen Grund, beiderseitig die braunen Zakken und die roten Streifen. Bei den Mittelmotiven muß man abwechselnd Motiv und Grund weben und genau nach Zählmuster die Formen gestalten. Der Streifen ist in Originalgröße abgebildet und leicht lassen sich die Größenverhältnisse abmessen. Etwas anders ist die Weberei bei der Bildweberei. Dafür wird unter die Kettfäden eine fertige Zeichnung geschoben.

Gobelin

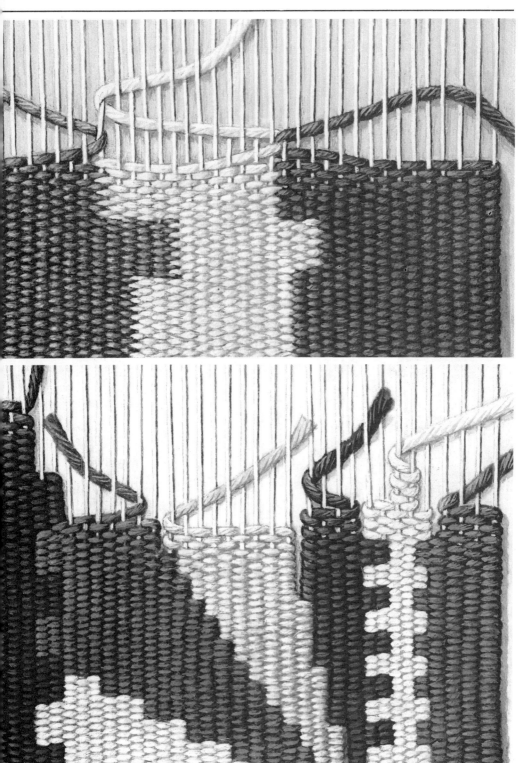

Gobelin

Brettchenweberei

Zuerst muß man sich die Brettchen anfertigen. Man nimmt feste dünne Pappe, schneidet jedes im Geviert 7—8 cm groß, rundet die Ecken etwas ab und schlägt an den Ecken, 5 mm vom Rand entfernt, kreisrunde Löcher nach der Abbildung durch. Die Anzahl der Brettchen hängt von der Breite einer Borte ab. Dann schneidet man gleichlange Fäden, fädelt davon durch jedes Loch einen Faden und knotet beiderseitig die Fadenenden zusammen. Einfach gemusterte Borten arbeitet man mit vierfädigen Schnüren über viereckige, reichere Muster mit sechs- oder achtfädigen Schnüren über sechs- und achteckige Brettchen. Die beiden letztgenannten Brettchen müssen etwas größer sein, da sonst die Seiten zu kurze Drehungen ausführen würden.

Nach dem Einziehen der Fäden werden die Brettchen flach umgelegt. Das Umlegen kann nach rechts — obere Zeichnung — oder links — untere Zeichnung Abbildung 2, Seite 18 — geschehen. Hält man bei einem nach rechts umgelegten vierlöchrigen Brettchen die Fäden straff und macht eine Vierteldrehung nach rechts (die obenliegenden Brettchenecken müssen nach rechts gleiten), so verkreuzen sich die aus den Löchern rechts oben und links unten kommenden Fäden rechts und links vom Brettchen (siehe obere Zeichnung Abbildung 2). Führt man nun ständig die gleichen Drehungen aus, so erhält man zu beiden Seiten des Brettchens Schnüre, und zwar wird die Schnur links vom Brettchen links eingedreht und die Schnur rechts

vom Brettchen rechts eingedreht. Dreht man das gleiche Brettchen fortlaufend nach links, so drehen sich die Schnüre entgegengesetzt. Bei der darunterstehenden Zeichnung (nach links gelegtem Brettchen) ist ebenfalls mit Rechtsdrehung begonnen. Bei den sechs- oder achtlöchrigen Brettchen ist die Schnurdrehung die gleiche, nur verkreuzen sich hier die Fäden den Löchern entsprechend nach einer Sechstel- oder Achteldrehung. Die Rechtsdrehung geht stets in Richtung des Uhrzeigers.

Zur Herstellung einer Borte braucht man mehrere Brettchen, und da jedes Brettchen seine eigenen Drehungen macht, werden mehrere Schnüre durch einen Schußfaden verbunden, wie dies die Zeichnungen Abbildung 6 und 7 zeigen, wo man genau die auseinandergezogenen Schnüre erkennen kann. Gleichzeitig sieht man, wie der Schußfaden durch alle Schnüre läuft. Natürlich müssen bei einer Borte die einzelnen Schnüre durch den Schußfaden fest aneinandergezogen werden, damit keine Lücke entsteht. Um aber die Drehungen aller Schnüre gemeinsam ausführen zu können, legt man die aufgezogenen Brettchen aufeinander, so daß sie einen Block bilden (siehe Abbildung 4 auf Seite 18), und da man mit einseitig umgelegten Brettchen nicht alle Arbeitsmöglichkeiten erschöpfen kann, werden sie auch paarweise geordnet, d. h. nach rechts und links umgelegt, wie die gleiche Abbildung erkennen läßt. Die Kette muß gleichmäßig straff gespannt werden,

und beim Berechnen der Fadenlängen müssen 20% für das Einweben und für die beiderseitige Befestigung 30 cm zugerechnet werden. Man kann die Kettfäden an zwei entsprechend weit voneinander entfernten, feststehenden Gegenständen anbinden, oder man nimmt zwei Schraubzwingen. Hat man an beiden Enden die Kettfäden befestigt und sind dadurch die Kettfäden straff gespannt, so wird der Block von oben und unten mit beiden Händen gefaßt und gedreht — siehe Abbildung 4, wo die Hände den Brettchenblock gefaßt haben. Da die Kettfäden beim Drehen zwischen den einzelnen Brettchen hindurchgleiten müssen, darf der Block nicht krampfhaft zusammengepreßt werden. Wie wir schon beim einzelnen Brettchen gesagt haben, werden auch hier mit allen Brettchen Vierteldrehungen ausgeführt. Nach jeder Drehung sind die Kettfäden verkreuzt und bilden rechts und links vom Block eine dreieckige Öffnung. Das Fach muß stets klar liegen, es darf nirgends ein Faden hängen bleiben, da sonst Fehler in der Musterung entstehen. Durch das links vom Block liegende Fach wird der Schuß geführt, das rechtsliegende Fach bleibt unbeachtet. Nun führt man wechselnd eine Drehung und einen Schuß aus. Den Schußfaden kann man, wie die Abbildung 5 auf Seite 18 zeigt, auf ein Schiffchen aus Pappe wickeln. Setzt man beim Weben einer Borte die Drehungen stets nach der gleichen Richtung fort, so drehen sich allmählich auch rechts vom Block die Fäden vollständig ein, wodurch der

Brettchenweberei

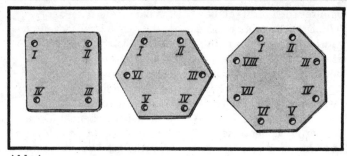

Abb. 1

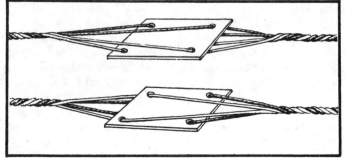

Abb. 2

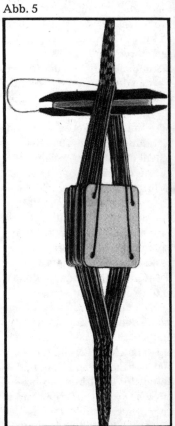

Abb. 6

Abb. 5

Bei der Brettchenweberei werden mit einer Anzahl kleiner vier-, sechs- oder achteckiger Täfelchen, wie wir sie oben zeigen, doppelseitig gemusterte Borten gewebt. Das Erlernen dieser Technik erfolgt am besten, wenn man genau nach der Beschreibung an die Arbeit geht.

Abb. 3

Abb. 4

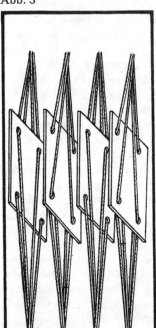

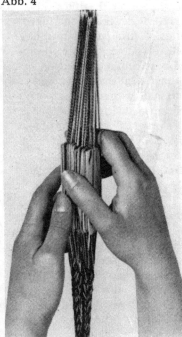

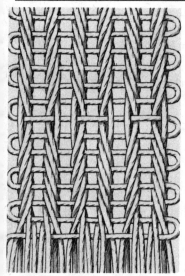

Abb. 7

Brettchenblock fast unbeweglich wird. Führt man nun entgegengesetzte Drehungen aus, so lösen sich die ungebundenen Schnüre wieder auf, und man erhält wieder Spielraum. Beim Wendepunkt der Drehungen zeigt sich in der Weberei eine kleine Rille, eine Eigenart der Technik. Wir sehen dies auf der Zeichnung Abb. 7 dieser Seite. Die Muster in der Borte entstehen durch das Einfädeln verschiedenfarbiger Kettfäden, durch verschiedenartiges Anbringen der Drehungsumkehr und das verschiedenartige Aufeinanderlegen der Brettchen. Würde man mit einem einseitig umgelegten Brettchenblock eine Borte weben, würde diese nach Fertigstellung sich der einseitigen Drehung anpassen und eine schraubenförmige Lage einnehmen. Wenn man sich nun mit den einfachsten Arbeitsgängen befaßt, wird man bald erkennen, daß man abwechslungsreiche Wirkungen mit verschieden gelegten Brett-

chen erreicht. Zum Beispiel kann man die Brettchenanzahl gleichmäßig teilen und die eine Hälfte nach rechts, die zweite Hälfte nach links umlegen, wodurch die Drehungen von der Mitte aus entgegengesetzt laufen und in der Mitte ein Zöpfchen gebildet wird — wie die linke Borte auf Seite 20. Man kann die Brettchen auch paarweise anordnen, wodurch der Zöpfchengrund von der zweiten Borte Seite 20 entsteht. Beide Borten sind mit je 20 vierlöchrigen Brettchen gewebt. Für die linke Borte Seite 20 bezieht man das 1., 8., 10., 13. und 20. Brettchen mit blauem und alle übrigen Brettchen mit weißem Perlgarn. Als Schußfaden ist blaue Nähseide genommen. Für die zweite Borte ist das 3. und 4., 9.—12., 17. und 18. Brettchen mit weißem und alle übrigen Brettchen mit blauem Perlgarn gefädelt. Bei diesen Beispielen sieht man, daß sich durch Nebeneinanderlegen mehrerer gleichfarbig bezogener Brettchen breite oder schmale Längsstreifen ergeben. Für Querstreifen können die Brettchen mit so viel Farben bezogen werden, wie sie Löcher haben. Beim Auflegen des Brettchenblockes müssen die gleichen Farben übereinanderliegen, so daß bei jeder Drehung stets alle Fäden einer Farbe nebeneinander auftreten. Verwendet man weniger Farben und werden aufeinanderfolgende Löcher mit der gleichen Farbe bezogen, so entstehen breite Querstreifen, wie bei der linken Borte auf Seite 21, wo von jedem Brettchen Loch 1 und 2 weiß und Loch 3 und 4 blau bezogen sind. Mit gleichem Fa-

denaufzug, nur durch Umstellen einiger Brettchen, kann man den folgenden karierten Grund weben. Die Brettchen müssen dafür wie folgt übereinanderliegen, daß wechselnd bei vier Brettchen die rechts liegenden, bei den folgenden vier Brettchen die links liegenden Löcher weiß bezogen sind. Beim letzten Muster der gleichen Borte werden die Brettchen so umgestellt, daß die Fäden der vier äußeren Brettchen Quadrate und die 12 mittleren Brettchen Rechtecke bilden. Einfache Kanten entstehen einfach aus der Technik, d. h. durch Aufziehen der Brettchen mit zwei Farben und durch entsprechendes Übereinanderlegen der Brettchen. Zur Bildung ornamentaler Muster müssen jedoch die Brettchen mit verschiedenen Farben bezogen und planvoll übereinandergelegt werden. Die Grundlage dieses Planes bilden die Löcher der Brettchen, die zu diesem Zweck mit Ziffern bezeichnet werden (siehe Abbildung 1 auf Seite 18). Das links obenliegende Loch des Brettchens wird stets als 1. Loch bezeichnet. Es bedeuten also bei den dargestellten Kettenplänen, die auf Seite 21 abgebildet, die untenstehenden römischen Zahlen die Brettlöcher, die linksstehenden arabischen Zahlen die einzelnen Brettchen, mit dem untersten Brettchen des Blockes beginnend. Die Zeichen bedeuten die Farben der Fäden und die Pfeile die Richtung, in der die Brettchen umgelegt werden müssen. Auf den Plänen sind die Musterformen genau zu erkennen, da jedes Zeichen eine Windung des Schnurgewebes darstellt.

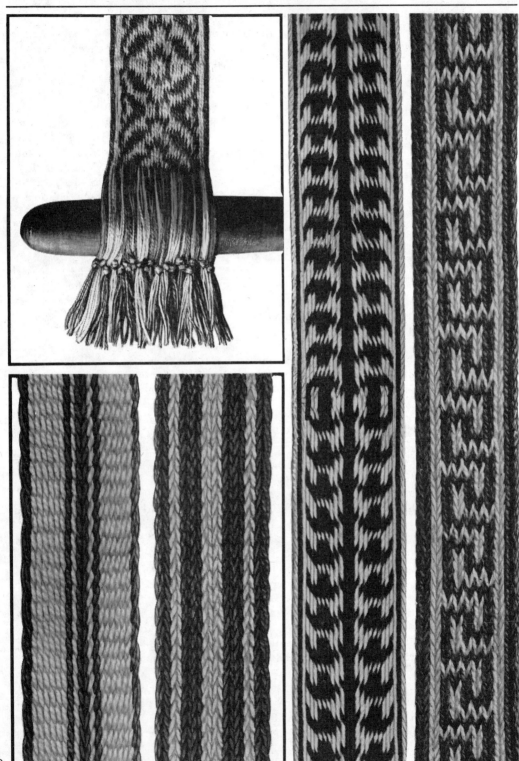

Brettchenweberei

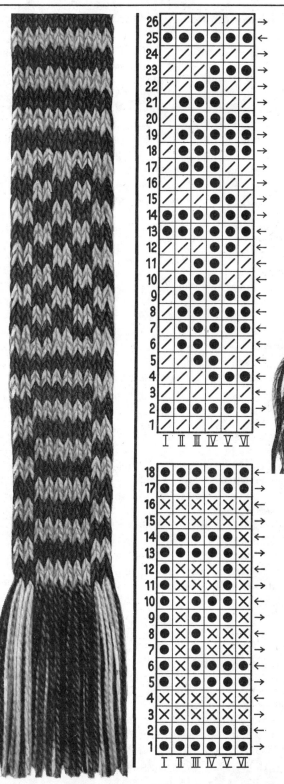

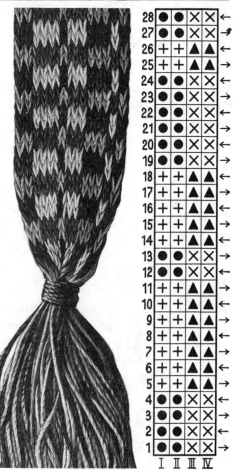

Die 2. Borte auf Seite 21 ist
nach dem rechten Kettenplan
gearbeitet. Man braucht 28
vierlöchrige Brettchen. Für die
dritte schwarzweiße Borte auf
Seite 20 sind 26 Brettchen mit
je 6 Löchern nach dem oberen
Kettenplan auf Seite 21 aufge-
zogen. Für Kette und Schuß
verwendeten wir dreifädigen
Twist. Die Borte mit der be-
kannten Mäanderkante ist aus
Perlgarn.
Nach dem dritten Kettenplan
bezieht man 18 sechslöchrige
Brettchen. Bei beiden letztgenannten Kanten dreht man alle
Brettchen nach einer Richtung
bis zur zwangsweisen Umkehr.

Strahlenweberei

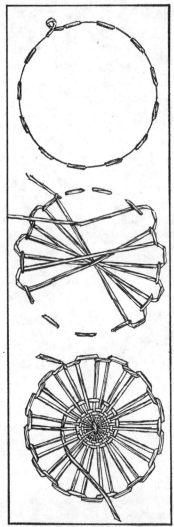

Gespannte Kettfäden und Beginn der Stopfarbeit.

22 Strahlenwebrahmen aus Plaste.

Bei dieser Technik werden nicht Strahlen gewebt, wie man bei der Bezeichnung irrtümlich annehmen könnte, sondern die Kettfäden werden strahlenförmig gespannt und der Schußfaden in Runden oder in hin- und hergehenden Reihen, wie es die jeweilige Form verlangt, hindurchgeführt. Man kann also Gegenstände weben, bei denen die Kettfäden die Form bestimmen. Wir zeigen hier die Ausführung von Untersetzern, wozu wir Kunstbastfaden und ein kleines Täschchen, zu dem wir Perlgarn verwendeten. Das Weben von Untersetzern erinnert an die Technik Sonnenspitzen. Der Unterschied beider Techniken liegt darin, daß für die Sonnenspitzen eine gerade und für die Untersetzer eine ungerade Anzahl von Strahlen nötig ist.

Als Arbeitsbeginn zeichnet man auf eine kräftige Pappe einen Kreis in der für den Untersetzer gewünschten Größe und gibt auf der Kreislinie in gleichmäßigen Abständen eine ungerade Anzahl von Punkten an. Die aufgezeichneten Punkte werden durchstochen und durch eine mit festem Garn ausgeführte Vorstichreihe verbunden. Vom letzten freien Punkt sticht man in den ersten (siehe obenstehende Probe). Nun nimmt man Kunstbastfaden, knüpft an die beiden nebeneinanderliegenden Vorstiche an und spannt die Kettfäden, indem man stets, über die Mitte hin- und hergehend, den Faden um zwei Vorstiche führt. Die zweite Probe zeigt den Anfang, bei der dritten Probe ist das Kettfädengerüst fertig. Der letzte halbe

Kettfaden geht nur bis zur Mitte, wo man mit gleichem Faden die Stopfarbeit beginnt — stets einen Faden aufnehmend, den nächsten Faden liegenlassend. Im weiteren Verlauf werden die Spiralrunden dicht aneinandergeschoben. Hat man auf diese Weise das Rund dicht bis zur Vorstichreihe gefüllt, schneidet man auf der linken Seite der Pappe die Stiche der Vorstichreihe auf, und die fertige Arbeit fällt ab. Man kann die Arbeit ein- oder mehrfarbig ausführen, wie die beiden Untersetzer auf Seite 24 zeigen.

Die untere Abbildung zeigt das Weben mit Hilfe eines käuflich erhältlichen Strahlenwebrahmens. Dieser Plastering hat für die Kettfäden in gleichmäßigen Abständen ringsum Einschnitte und ist 19 cm im Durchmesser groß.

Die Abbildung auf Seite 23 zeigt das Arbeiten einer kleinen Tasche. Auch hier zeichnet man die gewünschte Form auf eine biegsame Pappe auf und teilt die Formlinie in eine gerade Anzahl von Punkten in gleichmäßigen Abständen auf. Die Punkte werden durchstochen und beiderseitig die beiden obersten Punkte durch eine gerade Linie verbunden. In die Mitte der beiderseitigen geraden Linien näht man kleine Ringe, siehe nebenstehende Arbeitsprobe. In eine stumpfe Sticknadel fädelt man einen langen Arbeitsfaden, knüpft das Ende an einen Ring an, sticht durch das oberste Loch (siehe Kreuz), schlingt auf der Rückseite um den zweiten Ring und kommt beim Loch mit Punkt wieder nach der Vorderseite, führt wieder um

Strahlenweberei

den Ring, geht durch das Loch mit Pfeil nach der Rückseite und wieder um den zweiten Ring.

Auf diese Weise wird das Spannen der Kettfäden fortgesetzt, bis durch jedes Loch der Faden läuft. Mit neuem Arbeitsfaden wird stets an einem Ring begonnen. Mit der Webarbeit, besser gesagt mit der Stopfarbeit, beginnt man links dicht neben dem Ring am obersten geraden Kettfaden und führt die Stopfarbeit in hin- und hergehenden Reihen um die unterste Ringhälfte aus. Beim ersten Gang nimmt man

die unter dem Ring liegenden Kettfäden auf, wendet am rechten geraden Kettfaden und nimmt beim Rückgehen die anderen Fäden auf, genau wie der Leinenbindung. Solange die Kettfäden dicht liegen, entsteht Leinenbindung, und später, durch die weiter auseinanderliegenden Fäden Schußrips. Da aber nicht alle Kettfäden die gleiche Länge haben, muß man sogenannte Keile einweben. Dafür führt man den Schußfaden über die längeren Kettfäden verkürzt hin und her. Auf der untenstehenden Arbeitsprobe und dem fer-

tigen Täschchen Seite 24 wählten wir für die Keile stets eine andere Farbe. Zwischen den Keilen und am äußeren Rand müssen stets einige Reihen über alle Kettfäden gestopft werden. Sind beiderseitig alle Kettfäden bis an den äußeren Rand mit Stopfreihen dicht verdeckt, bricht man an den Löchern entlang den überstehenden Papprand ab und zieht das innere Pappstück heraus. Auf diese Weise erhält man ein nahtloses Täschchen. Die freistehenden Ringe werden mit Knopflochstich umnäht.

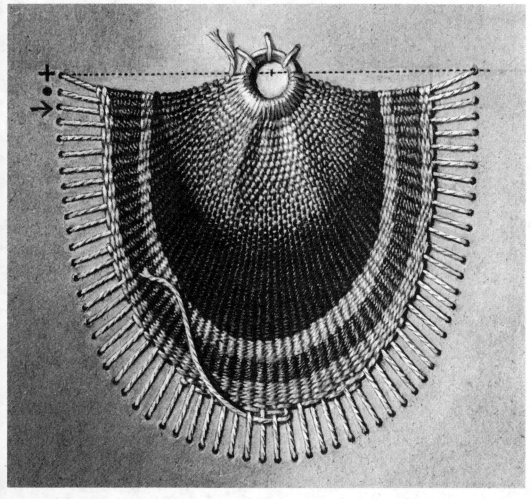

Strahlenweberei

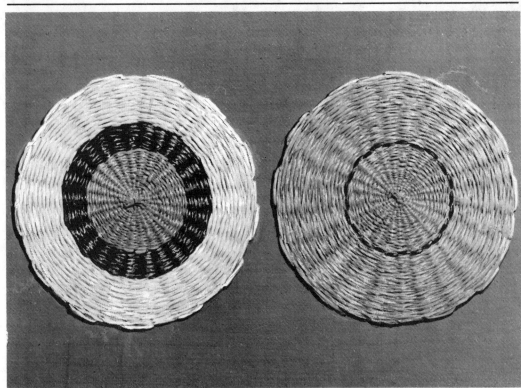

Bastnähen

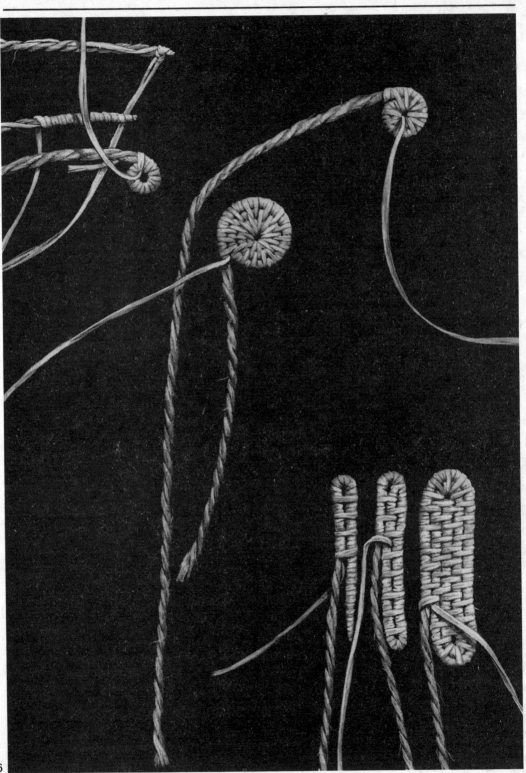

Bastnähen

Bei dieser einfachen, doch sehr wirkungsvollen Technik wird, wie schon der Name sagt, mit Bast genäht, und zwar über eine starke Fadeneinlage, wodurch die Arbeit Form und einen festen Halt bekommt. Reizvolle kleine und größere Modelle lassen sich herstellen, wovon wir 3 auf Seite 25 zeigen. Fast alle Gegenstände beginnen in der Mitte, und so wollen wir zuerst einen Untersetzer arbeiten. Wir nehmen Kunstbast und als Einlage leichtgedrehten Bindfaden. In eine stumpfe Sticknadel fädeln wir einen Bastfaden ein, dann nehmen wir den Einlagefaden, schrägen den Anfang etwas ab und befestigen durch einfache Vorstiche den Bastfaden — siehe linke Seite erste Probe, dann umwickeln wir das Ende von rechts nach links, zweite Probe. Darauf biegen wir das umwickelte Ende zur Spirale, deren Öffnung möglichst klein sein muß. Mit mehreren Stichen, die über den Anfang und die darüberlaufende Einlage greifen, hält man die Windung fest. Im weiteren Verlauf der Arbeit wird die Einlage, die man spiralenförmig weiterführt, für sich umwickelt und nach 2 oder 3 Windungen mit einem Stich, der über Einlage und vorige Runde greift, fest verbunden. Bei den folgenden Runden greifen die Stiche zwischen 2 Haltestichen und die Windungen der vorigen Runde. Da die Arbeit immer größer wird, vergrößert sich auch die Anzahl der Stiche und so müssen hin und wieder 2 Stiche in einem Zwischenraum gearbeitet werden, was wir auf der Probe deutlich erkennen können. Die Größe einer Arbeit kann man selbst bestimmen, nur muß man darauf achten, daß die Zwischenräume zwischen zwei Haltestichen möglichst gleichgroß bleiben, da sonst die Arbeit die Festigkeit verliert. Hat man die letzte Runde fertig, schrägt man das Ende der Einlage ab und arbeitet weiter, bis sich das Ende angefügt hat.

Beim Arbeiten eines Korbes geht man nach Fertigstellung des Bodens, ohne die letzte Runde abzuschließen, zur Herstellung der Korbwand über. Die Einlage wird jetzt nicht mehr neben, sondern auf die vorige Runde gelegt. Dieser Vorgang geschieht allmählich. Je nachdem die Korbwand steil, schräg oder gewölbt sein soll, müssen die Runden übereinandergesetzt oder während der Arbeit schräg nach außen gedrückt werden.

Will man einen ovalen Untersetzer oder Korb arbeiten, beginnt man ebenfalls in der Mitte, umwickelt auch hier den abgeschrägten Anfang der Einlage, legt diesen, wie die Proben unten rechts zeigen, nebeneinander und führt nach diesen Proben wechselnd die Windungen und Stiche aus.

Beim Arbeiten eines Serviettenringes, wie wir ihn ebenfalls auf Seite 25 zeigen, umwickelt man den abgeschrägten Anfang und weiter den Einlagefaden so lang, wie man für die Weite des Ringes benötigt, näht über Einlage und Anfang mehrere Stiche, bis sich der Anfang angefügt hat und setzt dann die Arbeit in beschriebener Weise fort. Nach Wunsch kann man die Arbeiten ein- oder mehrfarbig gestalten und kleine Muster einarbeiten.

Flechten

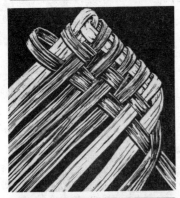

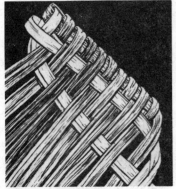

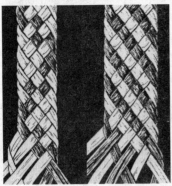

Flechten und Weben sind einander verwandte Techniken. Am bekanntesten ist das Flechten von Zöpfen aus drei Strängen. Solche Zöpfe kann man, wenn man Kunstbast verwendet, in verschiedenen Stärken und Längen herstellen und daraus die gleichen Modelle, wie wir sie beim Bastnähen zeigen, anfertigen. Dafür würde von der Mitte aus der Zopf in Spiralen laufen, genau wie beim Bastnähen die Einlage, und mit kleinen, fast unsichtbaren Stichen, müßte man die Zopfkanten aneinander nähen. Zum Nähen empfehlen wir geteilten Kunstbastfaden. Wir wollen auf diesen Seiten das Flechten von breitliegenden Zöpfen zeigen. Auch hierfür kann man Kunstbast verwenden, und die Breite der Borte richtet sich nach der Stärke des Bastes und der Anzahl der Fäden. Es können aber auch hier mehrere Fäden für einen Strang genommen werden. Auf nebenstehendem Bild zeigt die linke Probe den Anfang eines sechsfädigen Zopfes. Hat man 6 Fäden zusammen verknotet und an einem feststehenden Gegenstand befestigt, legt man die Bastfäden auseinander und beginnt mit dem Flechten, indem man den äußeren linken Faden durch alle Fäden nach rechts führt und dabei wechselnd einen Faden aufhebt und den folgenden liegenläßt. Auf gleiche Weise jeweils wieder links beginnend führt man jeden Faden nach rechts durch, wobei man stets die Fäden versetzt aufhebt und liegenläßt. Das Anlegen eines neuen Fadens zeigt die zweite Probe. Das Ende des alten und der Anfang eines neuen Fa-

dens werden ein Stück gemeinsam durch das Geflecht geführt. Um die Zackenlinie der folgenden sechsfädigen Borte zu bekommen, müssen zwei andersfarbige Fäden nebeneinanderliegen und durch die Fäden geführt werden. Führt man wechselnd einen hellen und einen dunklen Faden von links nach rechts durch die Fäden, erhält man ein schräglaufendes Streifenmuster, wie dies die letzte 8fädige Borte zeigt. Auf diese Weise kann man jede Bortenbreite herstellen, die Zusammensetzung der Farben selbst bestimmen und die Borten, wenn man sie aus Bast herstellt, für Gürtel, und wenn man sie aus Wolle arbeitet, für Schlipse verwenden. Bei solchen abgeschlossenen Gegenständen ist allerdings zu empfehlen, Anfang und Ende schräg oder spitz zu arbeiten. Für einen schrägen Anfang, wie die Abbildungen auf Seite 28 oben zeigen, biegt man alle Fadenanfänge 10—12 cm nach links um und legt sie in den Bruchstellen über den ersten von links nach rechts laufenden Faden und führt die Verflechtungen der ersten Reihen mit doppelten Fäden aus. Sind die kurzen Anfänge verbraucht, schneidet man die kurzen Enden ab und setzt die Arbeit mit einfachem Faden fort. Auf gleicher Abbildung sieht man auch, wie für die erste Reihe ein neuer Faden den Standfaden umfaßt und dann erst durch die aufgereihten Fäden läuft.

Auf der oberen Abbildung auf Seite 28 wird ein spitzer Anfang gezeigt. Zuerst schlingt man zwei Fäden ineinander, wovon der eine nach links, der

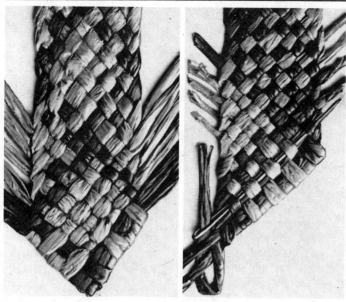

andere nach rechts läuft. Auf diese beiden Grundfäden reiht man dann eine gleiche Anzahl von Flechtfäden genau wie beim schrägen Anfang auf und führt die Arbeit erst mit doppeltem und dann mit einfachem Faden aus. Die Abbildung darunter zeigt eine Borte mit schrägem Anfang. Gleichzeitig sieht man, wie bei beiden Borten die einzelnen farbigen Fäden verteilt sind. Die Abbildungen auf dieser Seite zeigen, wie das Ende einer Borte, die schräg begonnen hat, schräg ausgeführt wird. Hat man die nötige Bortenlänge erreicht, fädelt man die Schußfäden einzeln in eine stumpfe Sticknadel und zieht diese, der jeweiligen Farbe folgend, in das Geflecht zurück. Dafür muß man eine ziemlich lange Strecke wählen, damit der Bortenabschluß festen Halt bekommt. Diesen Abschluß kann man nur bei einer geraden Anzahl Flechtfäden benutzen. Hat man mit einem spitzen Anfang begon-

nen, hat man automatisch eine gerade Fadenanzahl. Das Ende der Borte wird so weit geflochten, daß auf jeder Seite die gleiche Anzahl Fäden hängen, dann stopft man, an der Spitze beginnend, die Fäden zurück, und zwar wechselnd einen von rechts, einen von links nehmend und in derselben Art wie beim schrägen Abschluß.

Rohrflechten

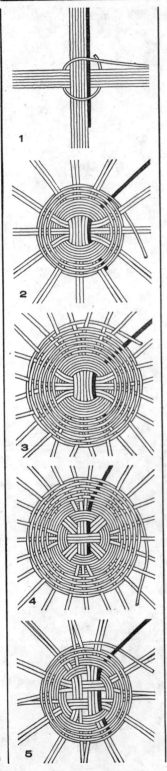

Das Verflechten von Rohr-, Weiden- und Palmenblättern zu Kunst- und Gebrauchsgegenständen wird von allen Naturvölkern ausgeführt, und die Gediegenheit und die Gleichmäßigkeit solcher Arbeiten hängt von der Geschicklichkeit der arbeitenden Hände ab. Wir nahmen für unsere Proben und die kleinen Modelle Peddigrohr. Man braucht für jede Arbeit Rohr in zwei verschiedenen Stärken. Das stärkere für die Staken (Namen für die Rippen des Gerüstes), das dünnere für die Flechtfäden, die um die Staken laufen und vor Beginn der Arbeit einige Stunden in Wasser liegen müssen. Das starke Rohr für die Staken wird so lange trocken verarbeitet, bis man es für den Randabschluß biegen muß.

Wir beginnen mit dem runden Untersetzer (Seite 33), der mit Rand 13 cm Durchmesser hat, und schneiden dafür 12 Staken 35 cm und 1 Ersatzstake 20 cm lang. Probe 1 zeigt, wie die Staken kreuzweise übereinander und zu einer Gruppe die Ersatzstake (siehe Schraffierung) gelegt wird, und man sieht, wie zu Beginn der Flechtfaden liegen muß. Danach beginnt das spiralförmige Auf- und Abflechten — 2. Probe. Die Arbeitsseite ist immer die rechte Seite. In den ersten Runden geht der Flechtfaden wechselnd über und unter eine Stakengruppe. Nach einigen Runden teilt man die Gruppen paarweise auf. Die Ergänzungsstake bleibt allein. Durch diesen Vorgang erhält man eine ungerade Stakenzahl, und man kann ohne Unterbrechung den Flechtfaden spiralförmig um die Mittelrunden führen. Die

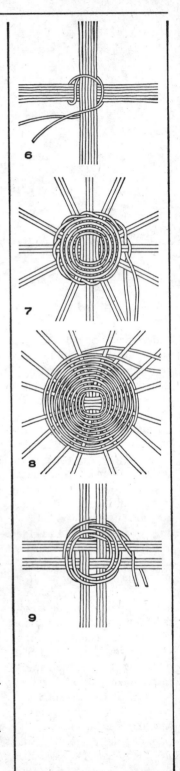

Rohrflechten

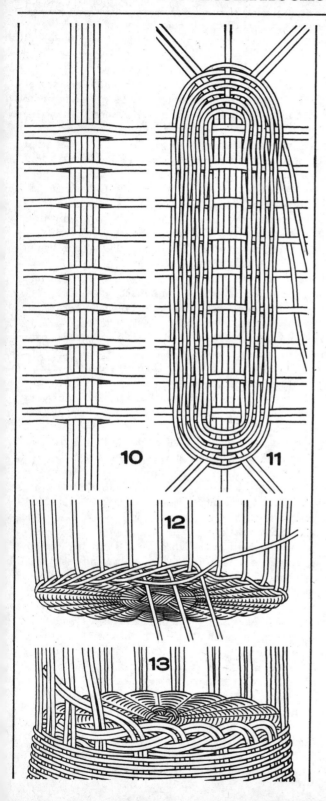

Runden müssen ohne Zwischenräume dicht nebeneinanderliegen. Im weiteren Verlauf werden die Staken einzeln umflochten — siehe 3. Probe. Hat das Geflecht einen Durchmesser von 12,5 cm erreicht, legt man die Arbeit einige Stunden ins Wasser und führt dann mit den geweichten Staken auf der linken Seite des Geflechtes den geschlossenen Rand nach den Proben 17—19 aus.

Für größere Arbeiten muß man noch zusätzliche Staken in das Geflecht einstecken. Damit man eine gleichmäßige Arbeit erhält, steckt man neben jede Stake eine zweite Stake in das Geflecht ein, flicht noch einige Runden über die paarweise liegenden Staken, wobei man die Paare schon leicht voneinander trennen kann und setzt später die Arbeit über die einzelnen Staken fort. Man kann aber auch für den Anfang gleich eine größere Anzahl Staken wählen, legt diese sternförmig übereinander zu einer Gruppe, wieder die Ersatzstake, siehe auch hier die Schraffierung 4. Bild. Auf dieser Probe sieht man deutlich, wie der Flechtfaden um die Stakengruppe läuft und nach einigen Runden versetzt läuft. Um dies zu erreichen, muß man am Anfang einer Runde zwei nebeneinanderliegende Stakengruppen aufnehmen. Die 5. Probe zeigt eine zweite Möglichkeit, wie man die gleiche Anzahl Staken als Geflecht in der Mitte legen kann und dann mit dem Flechten beginnt, die Ersatzstake ist auch hier schraffiert. Man kann aber auch mit einer geraden Stakenzahl arbeiten, dann fällt die Ersatz-

Rohrflechten

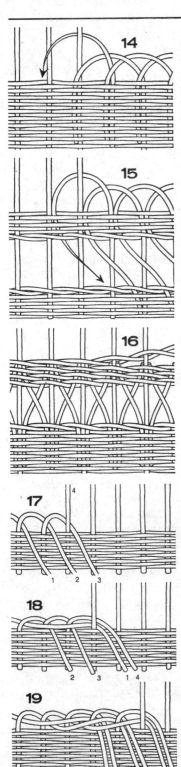

stake weg. Nach der 6. Probe legt man 2mal 6 Staken kreuzweise übereinander, legt einen langen Flechtfaden zur Hälfte, beginnt wie Probe 6 zeigt, und beim spiralförmigen Flechtgang kreuzt man vor jeder Stakengruppe und später vor jedem Stakenpaar beide Fäden — siehe 7. Probe. Im weiteren Arbeitsverlauf laufen beide Fäden dicht nebeneinander — siehe 8. Probe. Für einen ovalen Untersetzer oder Korbboden braucht man eine Anzahl Querstaken, die man vorsichtig in der Mitte aufschlitzt. Durch die Schlitze steckt man die angespitzten Längsstaken. Wie die 10. Probe zeigt, werden die Staken verteilt, und da es eine gerade Anzahl Staken ist, flicht man auch mit doppeltem Faden. In den großen Stakenlücken kreuzt man beide Fäden, damit das Geflecht nicht locker wird. Später umflicht man die einzelnen Staken wie bei einem Rund. Für einen Korb muß man nach Vollendung des Bodens die Staken für die Korbwand leicht nach oben biegen. Mit einem feuchten Tuch bestreicht man die Biegung. Die übrige Stakenlänge muß trocken bleiben, da man sonst nicht das weitere Geflecht ausführen kann. Beim rechten Teilstück auf Seite 33 kann man deutlich die weitere Arbeit erkennen. Für einen größeren Korb legt man am Anfang zum Flechtfaden noch 2 oder 3 Fäden hinzu und führt diese Fäden einzeln vorn über 2 und hinten um eine Stake. Ist die Runde fertig, werden die einzelnen Fäden nach hinten gesteckt und abgeschnitten. Die 13. Probe zeigt eine Verstärkung nach ausgeführter Flechtarbeit. Bei der Stakenbiegung steckt man beiderseitig einer Stake kurze Staken in das Wandgeflecht ein und flicht auf gleiche Weise wie bei der 12. Probe weiter, nur mit Paaren. Kleinere Körbe wirken gefälliger, wenn sie als Abschluß offene Ränder erhalten. Hierfür werden nach Vollendung der Flechtarbeit die Staken in das Geflecht zurückgesteckt. Man spitzt die Stakenenden vor dem Einweichen zu und bohrt dann vor dem Einstecken den Weg mit einer Stricknadel vor. Der offene Bogenrand (siehe 14. Probe) ist sehr einfach. Man biegt jede Stake zu einem flachen Bogen, legt die dann hinter die folgende Stake und steckt sie vor der zweitfolgenden Stake in das Geflecht ein. Bei der 15. Probe ist der soeben beschriebene Rand in Verbindung mit einem Durchbruchstreifen gearbeitet. Man achte darauf, daß die letzte Runde vor und die erste Runde nach dem 2—3 cm großen Zwischenraum der besseren Haltbarkeit wegen verkreuzt geflochten ist. Nachdem dann jede einzelne Stake am oberen Rand zum Bogen gelegt und durch den schmalen geflochtenen Rand gesteckt ist, legt man sie über die Stake, hinter die man sie am oberen Rand geführt hat und steckt sie neben den Ausgangspunkt ein. Die 16. Probe zeigt einen Durchbruchstreifen. Für die langen Kreuze steckt man kleine geweichte Rohrstücke beiderseitig jeder Stake ein, verkreuzt sie, während man gleichzeitig die unterste verkreuzte Runde des oberen Streifens ausführt. Zum Schluß noch den geschlossenen Rand, wo

Rohrflechten

wir der Deutlichkeit halber die Staken mit Zahlen versehen haben. Man kann gut verfolgen, wie die einzelnen Staken vor oder hinter die folgende Stake gelegt werden. Für den Henkel an einem kleinen Korb steckt man, wie unser Beispiel auf Seite 33 links oben zeigt, 4 Staken an zwei gegenüberliegenden Seiten tief in das Geflecht ein und umwickelt mit feinem Rohr die fest zusammengehaltenen Rohrstücke.

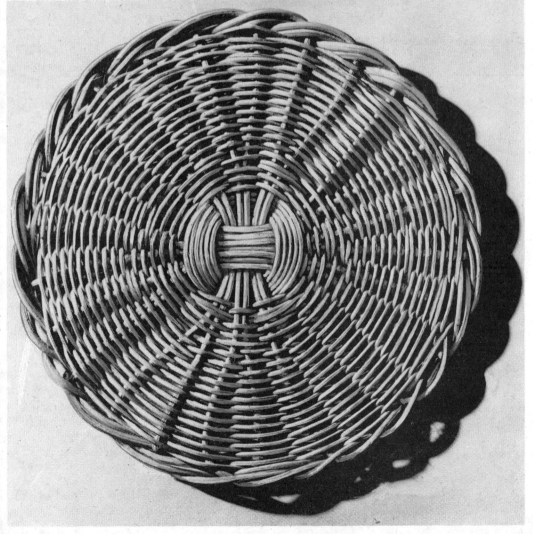

Perlarbeiten

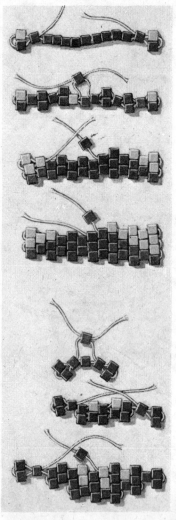

deln führen. Dreizehn dunkle Perlen fädelt man als Anfang für den kleinen Untersetzer auf und schiebt die Perlen in Fadenmitte. Nun wendet man beiderseitig mit einer hellen Perle für den Anfang der dritten Reihe und führt die Nadeln jeweilig durch die vorletzte dunkle Perle, 1. Probe, nimmt beiderseitig 2mal eine dunkle Perle auf und führt dazwischen die Nadeln durch jede zweitfolgende Perle der Grundreihe. Durch die Mittelperle laufen beide Fäden — 2. Probe. Auf diese Weise wird die Arbeit fortgesetzt und dabei auf den Farbwechsel geachtet. Bei der dritten Probe haben wir rechts bis zum Rand und zurück zur Mittelperle gefädelt und mit dem linken Faden die Reihe bis zum Rand ausgeführt und mit einer Randperle die Rückreihe begonnen. Die 4. Probe zeigt den weiteren Arbeitsverlauf. Die folgenden drei Proben erklären das Arbeiten des mittleren Untersetzers. Man fädelt den weißen Punkten entsprechend 5 Perlen auf, hat beiderseitig mit einer Randperle gewendet und beide Fäden durch die Mittelperle gefädelt — siehe 5. Probe. Bei der 6. Probe sind beide Fäden von der Mittelperle zu den äußeren Rändern geführt und dort mit 3 Perlen für die folgende Reihe gewendet. Diese Wendung geschieht wie folgt: nachdem man 3 Perlen aufgefädelt hat, führt man die Nadel durch die erste der drei aufgenommenen Perlen. Die letze Probe zeigt, wie beiderseitig je drei Randperlen für die folgende Reihe aufgenommen und der rechte Faden bis zur Mittelperle gefädelt ist.

Auf der Nebenseite sind der große und mittlere Untersetzer aus Holz- und der kleine Untersetzer aus Glasperlen gefädelt. Die weißen Punkte an den unteren Rändern geben die Perlen an, die für die erste und zweite Reihe aufgefädelt werden müssen. Man schneidet einen langen Faden und fädelt Anfang und Ende je in eine stumpfe Sticknadel, denn man muß in hin- und hergehenden Reihen mit beiden Fadenenden arbeiten und durch die mittelste Perle beide Na-

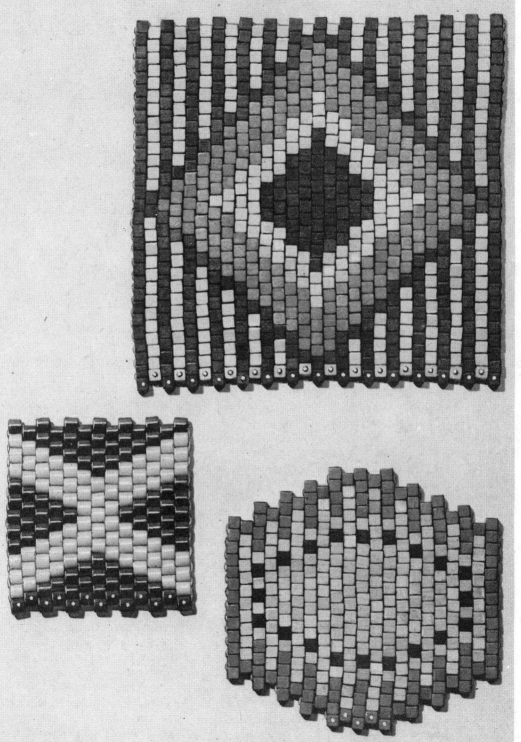

Schnüre

Die Herstellung von Schnüren zeigen die Abbildungen dieser Seiten. Die gedrehte Schnur, mit der wir links unten beginnen, ist die einfachste Schnur. Der Arbeitsfaden muß fünfmal so lang sein, wie die fertige Schnur werden soll. Braucht man nur kurze Schnurstücke, nimmt man beide Enden des Fadens in die linke Hand, steckt durch die entstandene Schlinge eine Stricknadel und dreht mit dieser beide Fäden nach rechts so fest zusammen, bis sie eine dünne Schnur bilden, zieht die Stricknadel heraus, nimmt die Schlinge auch noch in die linke Hand, steckt die Nadel in die neu enstandene Schlinge und dreht nach der linken Seite, siehe Bild. Die Schnur kann in jeder Stärke gearbeitet werden, man muß dann mehrere Fäden nehmen und ebenfalls erst nach rechts und dann nach links drehen.

Die geknüpfte Schnur links oben ist die sogenannte Mönchsschnur. Man nimmt zwei Fäden, legt sie zur Hälfte und verschlingt sie, wie die 1. Probe auf der oberen Abbildung zeigt. Bei der 2. Probe auf gleicher Abbildung sieht man das Verschlingen der Fäden. Der letzte Faden greift in die zuerst gebildete Schlinge. Bei der 3. Probe sieht man die Fäden fest angezogen.

Man kann aber auch Schnüre häkeln, wie die beiden Abbildungen oben zeigen.

Beide Schnüre werden von innen nach außen gehäkelt. Für die erste Schnur häkelt man in einem Fadenring 6 feste Maschen und setzt dann die Arbeit spiralförmig fort, wobei man je 1 Kettenmasche in eine

Schnüre

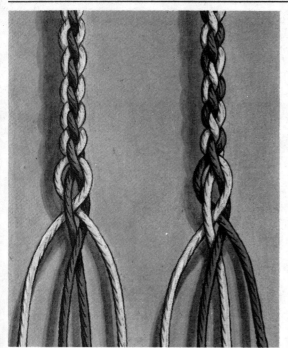
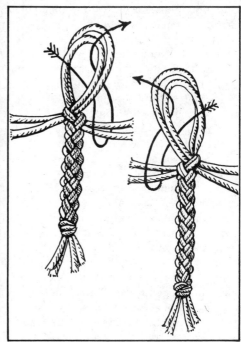

feste Masche häkelt und dabei um das vordere Maschenglied greift. Deutlich kann man auch auf der Probe erkennen, wie der Arbeitsfaden liegen muß und wie die beiden Schlingen zusammen abgemascht werden (siehe Pfeilrichtung). Im weiteren Arbeitsverlauf muß man die Schlinge um den zwischen zwei Kettenmaschen liegenden Querfaden holen. Die zweite Schnur ist aus festen Maschen ebenfalls in Spiralen gehäkelt. Um einen Ring von 5 Luftmaschen häkelt man 6 feste Maschen. Im weiteren Verlauf der Arbeit häkelt man jede feste Masche um den Querfaden zwischen zwei unteren festen Maschen.

Für die geflochtene Schnur auf dem linken Bild Seite 37 verwendet man ein starkes Fadenmaterial. Dann verkreuzt man wechselnd zwei Fäden miteinander, zwei helle und dann zwei dunkle, oder man nimmt stets einen hellen und einen dunklen Faden und verkreuzt diese miteinander. Zuletzt zeigen wir noch eine geknüpfte Schnur. Man verbindet 2 Doppelfäden von starkem Fadenmaterial, die 3mal so lang sein müssen wie die Schnur werden soll, durch einen Knoten. Dann legt man den rechten Doppelfaden zu einer verdrehten Schlinge und holt den linken Doppelfaden als neue Schlinge durch. Dann wird der rechte Doppelfaden fest angezogen und in Pfeilrichtung durch die Schlinge des linken Fadens als neue Schlinge geholt. Es ist, wie die Zeichnungen erkennen lassen, wechselnd einmal der rechte und einmal der linke Doppelfaden durch die vorhandene Schlinge zu holen.

Schmuckfalten

Schmuckfaltenstickerei, auch Smokarbeit genannt, ist eine Handarbeitstechnik, bei der gleichmäßige Stoffalten mit Zierstichen bestickt werden. Es eignen sich dafür nur weichfallende Stoffe. Wir verwendeten für die Proben leichten Seidenstoff und zum Sticken geteilten Twist und Glanzstickgarn. Es ist ratsam, vor Beginn einer Arbeit auf einem Stoffrest eine Probe zu arbeiten. Um gleichmäßige Falten zu erhalten, ist der Arbeitsgang folgender: Die Stoffkante, an der die Stickerei ausgeführt werden soll, spannt man fadengerade mit der Rückseite des Stoffes nach oben auf ein Brett oder eine feste Pappe auf und zeichnet in Abständen von 10 mm Punktreihen auf. Die einzelnen Punktreihen müssen genau parallel zueinander verlaufen und die Punkte in den einzelnen Reihen genau untereinanderstehen im Fadenlauf des Stoffes. Der Abstand zwischen den einzelnen Punkten beträgt im all-

gemeinen 5 mm, werden größere Abstände gewählt, so werden die einzelnen Falten tiefer. Wir zeichneten unsere Punktreihen mit Hilfe eines Lineals auf, siehe 1. Probe. Sind alle Punktreihen in der gewünschten Stickereibreite aufgezeichnet, beginnt man mit dem Einreihen, indem man jeder Punktreihe einen Reihfaden einzieht. In eine Nähnadel fädelt man einen Faden von fester Nähseide ein, befestigt das Fadenende am rechten Anfang der Punktreihe mit einem Knoten und einem Rückstich, führt dann die Nadel in jeden Punkt ein und kommt stets zwischen den Punkten wieder heraus. Die einzelnen Reihfäden werden straff angezogen, wodurch sich die gleichmäßigen hochstehenden Falten bilden, siehe 2. Probe. Die Reihfäden verschwinden fast in den Faltentiefen. Soll die Smokarbeit an einer Bluse oder einem Kinderkleid als runde Passe am Halsausschnitt gear-

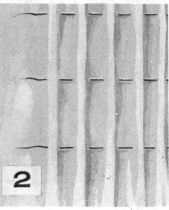

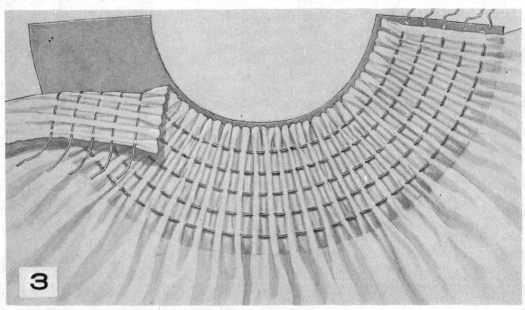

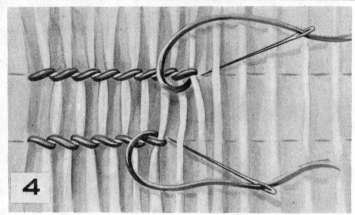

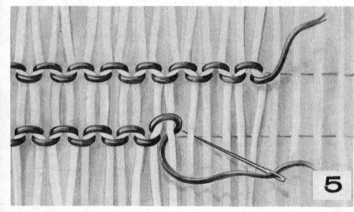

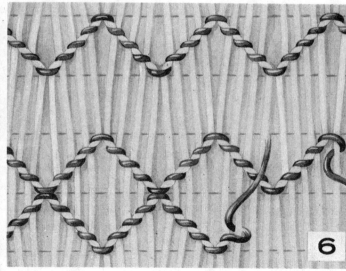

beitet werden, zieht man die Reihfäden verschieden straff an, so daß die Falten am oberen Rand dicht zusammenliegen und nach unten weiter aufspringen. Um die gewünschte Form herauszubekommen, braucht man einen entsprechenden Grundschnitt, worauf man den mit Reihfäden versehenen Rand aufsteckt und die Reihfäden so weit anzieht, wie es die Schnittform verlangt, siehe 3. Probe. Die noch freihängenden Reihfäden befestigt man, indem man sie um eingesteckte Stecknadeln wickelt. Dadurch hat man die Möglichkeit, nach Bedarf das Anziehen der Reihfäden zu verändern. Sind dann bei einer Arbeit die Falten mit den ausgewählten Zierstichen bestickt, zieht man die Reihfäden heraus. Bestickt man die Falten an runden Passen, muß man die Auswahl der Stiche mit besonderer Sorgfalt treffen, denn am oberen Rand muß ein Halt vorhanden sein, und am unteren Rand muß man den ausspringenden Falten Rechnung tragen. Nachdem wir mit dem Einreihen und Straffziehen fertig sind, nehmen wir die Arbeit in die linke Hand, und zwar die rechte Stoffseite nach oben. Die Knoten der Reihfäden liegen jetzt links. Nun werden die Faltenbrüche mit Zierstichen in verschiedenen Anordnungen benäht und gleichzeitig zusammengehalten. Die Stichreihen werden in der Hauptsache von links nach rechts genäht. Beim Nähen faßt man nur die Faltenhöhe und muß immer gleichmäßig tief einstechen. Zwischen den einzelnen Stichen muß der Stickfaden locker weitergeleitet

Schmuckfalten

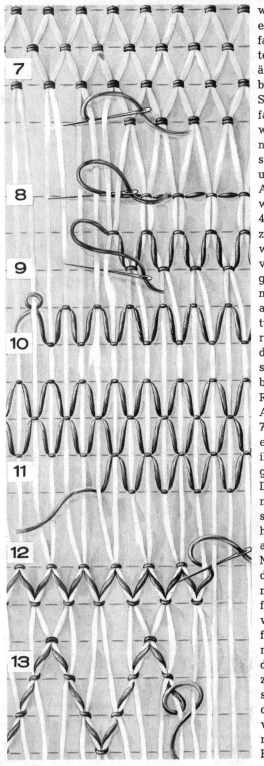

werden, damit die Arbeit elastisch bleibt. Eine mit Sorgfalt ausgeführte Schmuckfaltenkante muß sich harmonikaähnlich dehnen lassen. Der gebräuchlichste und einfachste Stich ist der Überstich. Man faßt jede Falte mit einem Stich, wobei die Nadel von rechts nach links durch die Falte sticht und je nach Anordnung unterhalb oder oberhalb des Arbeitsfadens herauskommt, wie die beiden Reihen auf der 4. Probe zeigen. Die 5. Probe zeigt den versetzten Überstich, wofür stets die beiden Stiche von der 4. Probe im Wechsel gestickt werden. Arbeitet man mehrere Stiche wechselnd in auf- und absteigender Richtung, so entsteht die Zickzackreihe von der 6. Probe. Wird zu dieser Reihe eine entgegengesetzte Zickzackreihe angearbeitet, so entsteht die untere Reihe von der 6. Probe.

Auf dieser Seite zeigen die 7. bis 13. Probe verschiedene einfache Stiche, die sich infolge ihrer Dehnbarkeit besonders gut für runde Passen eignen. Die 7. Probe zeigt den sogenannten Waffel- oder Wabenstich. Hier kann man die Reihen auch von rechts nach links arbeiten, wie die Probe zeigt. Mit zwei Rückstichen faßt man die ersten zwei Falten zusammen, führt dann den Arbeitsfaden auf der linken Seite lose weiter, kommt bei der zweitfolgenden freien Falte wieder nach oben und faßt diese und die vorhergehende Falte mit zwei Rückstichen zusammen, siehe Probe. In jeder folgenden Reihe werden die Falten versetzt zum vorangegangenen Stiche zusammengefaßt. Bei der folgenden einzelnen

Schmuckfalten

Reihe, 8. Probe, wird gezeigt, wie man ebenfalls 2 Falten nur mit einem Rückstich zusammenhält, doch den Arbeitsfaden zur Bereicherung des Musters auf der Vorderseite locker von Stich zu Stich führt. Die 9. und 10. Probe zeigen den gleichen Stich wie die Probe 8, nur im Zickzack ausgeführt. Bei der 9. Probe werden stets zwei Falten versetzt zusammengefaßt, und zwar stets die linke Falte der zuletzt genähten Gruppe mit der folgenden freien Falte, und zwar wechselnd auf der oberen und der unteren Reihlinie. Dadurch legen sich die Zwischenfäden senkrecht von der einen zu der anderen Reihlinie. Bei der 10. Probe werden die Falten einzeln mit einem Rückstich gefaßt, und zwar im Wechsel eine Falte oben, die folgende Falte unten, und die Zwischenfäden bekommen dadurch eine schräge Lage. Arbeitet man von der soeben beschriebenen Reihe mehrere Reihen versetzt untereinander, so läßt man von der zweiten Reihe an den oberen Rückstich fort. Man führt die Nadel unter den in voriger Reihe genähten Stich durch die zwei Falten und geht gleich zur unteren Reihlinie und näht dort über eine Falte einen Rückstich. Gern gestickt wird der einfache Zierstich auf der 12. Probe. Man arbeitet in Zickzackreihen von links nach rechts, faßt 2 Falten mit einem Überstich, kommt dabei mit der Nadel unter dem Stich heraus, durchstich in der folgenden Reihlinie die zweite der zusammengefaßten Falten und verbindet diese durch einen Überstich mit der folgenden freien Falte. Dabei kommt

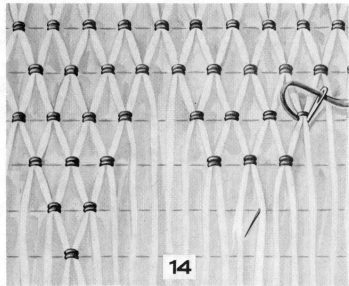

14

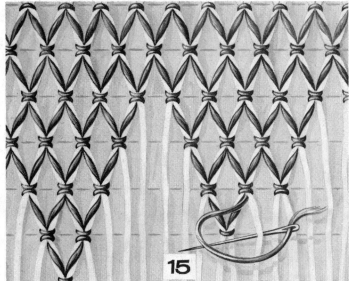

15

die Nadel über dem Stich heraus. Bei der weitläufigen Zickzackreihe, siehe 13. Probe, ist der gleiche Zierstich in auf- und absteigender Richtung gezeigt, und deutlich erkennt man, wie er innen von Stich zu Stich weitergeht. Die beiden Zackenproben dieser Seite eignen sich besonders für Abschlüsse an runden Passen. Die erste Probe hat das Aussehen

wie das Waffelmuster 7. Probe, doch ist der Arbeitsgang etwas anders. Es wird der gleiche Zierstich in Zickzackreihen gearbeitet. Die Arbeit bleibt dadurch bedeutend dehnbarer. Zwei Falten faßt man mit zwei Rückstichen zusammen. Beim zweiten Stich führt man dann die Nadel in der Falte schräg nach unten zur folgenden Reihlinie. Auf der Probe ist eine

41

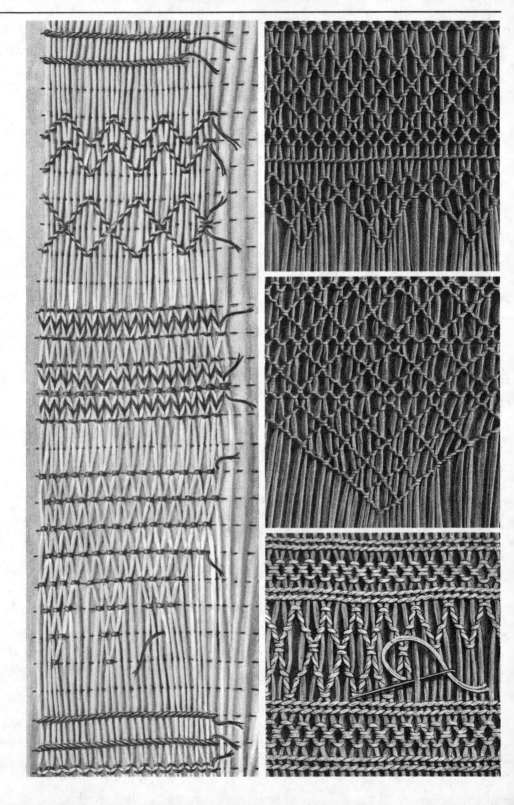

Schmuckfalten

durchgehende Reihe in Zick-zack gearbeitet, der sich dann die einzelnen Zacken in verkürzten Reihen anschließen. Bei der zweiten Zackenprobe ist der Zierstich von der einzelnen Reihe, 12. Probe angewendet. Die Abbildung dieser Seite zeigt einen Ausschnitt einer runden Passe. Der schmale Zierstich am oberen Rand, bestehend aus Überstichen, hält den Rand fest. Die folgende Zickzackreihe und die einzelnen Zacken sind zur Bildung der Rundung erforderlich.

Deutlich kann man die einzelnen Arbeitsgänge auf der Abbildung Seite 42 links verfolgen. Die Reihfäden sind noch im Stoff gelassen, aber leicht ist die Arbeit ausgezogen, damit man auch die einzelnen Falten verfolgen kann.

Auf den drei Abbildungen von Seite 42 zeigen wir, wie man verschiedene Stiche anwenden und Kanten mit kleinen Zacken oder mit flachen Zacken abschließen kann. Ein beiderseitig gleichmäßig abgeschlossener Einsatz ist auf dem untersten Bild zu sehen. Die gestickten Arbeiten sind naturgroß abgebildet, und jeder Stich ist deutlich erkennbar. Wir wollen damit nur Anregungen geben, wie verschieden man die einzelnen Stiche anwenden kann.

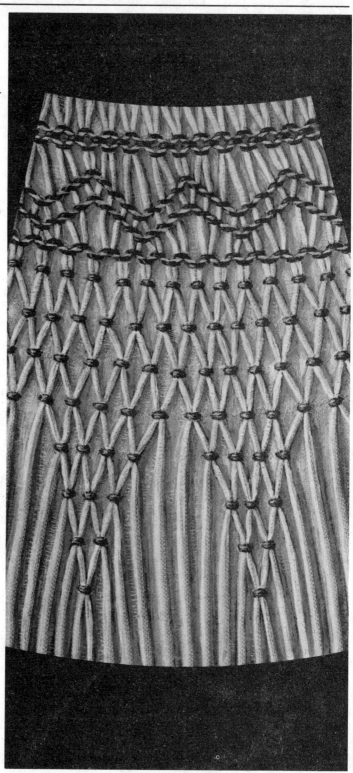

Schmuckfalten

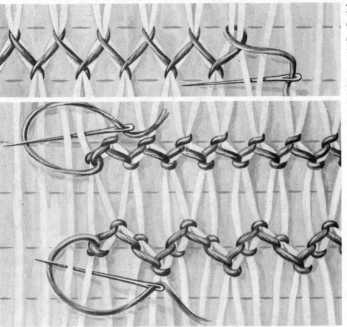

Zum Schluß unseres Lehrganges wollen wir noch zeigen, wie man die Falten mit Kreuznaht benähen kann. Man stich von links nach rechts und faßt man mit jedem Stich zwei Falten, und zwar bei der unteren Stichreihe versetzt zur oberen. Bei der darunterstehenden Probe ist zum Festhalten der Falten Fischgrätenstich verwendet. Die obere Reihe zeigt einen einfachen Fischgrätenstich. Jeder Stich faßt 2 Falten zusammen, und zwar immer die zweite Falte einer Gruppe mit der folgenden freien Falte. Bei der nächsten Reihe werden erst drei, dann stets zwei Stiche nach einer Richtung genäht. Der gestickte Einsatz zeigt die Anwendung solcher Stiche.

Anregungen geben auch die breiten Muster auf Seite 45. Diese und die genähte Dreieckform Seite 44 würde sich besonders gut für die Schulterstücke an Blusen oder Kleidern verwenden lassen.

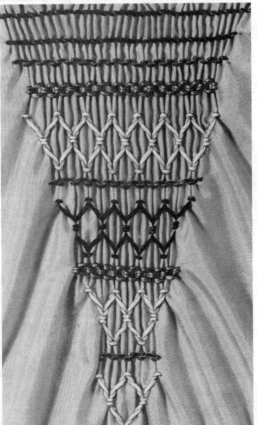

Schmuckfalten

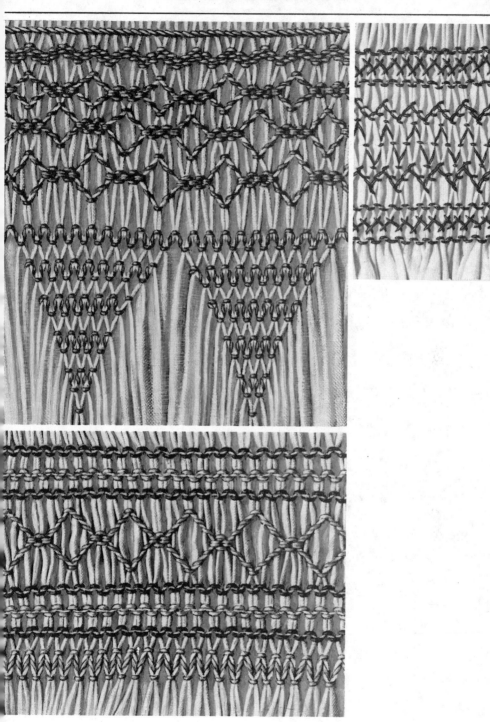

Applikation

Die Abbildung zeigt die Eckbildung einer Decke. Zwei Lagen von feinem Batist werden aufeinandergelegt und auf die oberste Stofflage die Zeichnung aufgepaust. Alle Konturen wurden mit kleinen Vorstichen nachgenäht und dann mit dichten Schnurstichen überstickt. Stiel-, Stern-, Kästchen- und Kreuznahtstich wurden noch verwendet. Der Kreuznahtstich wird nur in die oberste Stofflage gestickt, nachdem die unterste Stofflage weggeschnitten ist. Bei der runden Blütenform ist die unterste Stofflage außerhalb der Form und im schmalen inneren Ring weggeschnitten. Der Stern- und Kästchenstich innerhalb der Blüte wird auf doppelte Stofflage gestickt. Zwischen den geraden, mit Schnurstich gestickten Linien verläuft eine Linie im Stielstich.

46

Applikation

Wie man die nach eigenen Entwürfen ausgeschnittenen Formen aufsticken kann, zeigt die nebenstehende Abbildung. Von einem Zweig mit den drei Blättern ist das linke Blatt zunächst mit feinen Saumstichen in Blattfarbe aufgenäht. Darüber ist ein ungeteilter Twistfaden in abweichender Farbe mit der Farbe der Saumstiche in gleichmäßigen Abständen niedergehalten. Von der oberen und unteren Blattspitze sind verschieden lange Spannstiche mit 2fädigem Twist in dunklerer Farbe aufzusticken. Für das mittlere Blatt ist die Form nach der Aufzeichnung mit 5 mm Nahtzugabe ausgeschnitten und direkt hinter der Vorzeichnung mit Steppstichen aufgenäht. Dicht hinter den Steppstichen wird die Nahtzugabe abgeschnitten. Dann legt man der Randlinie folgend zwei ungeteilte Twistfäden nebeneinander und näht darüber weitläufigen Langettenstich. Das rechte Blatt ist genau wie das linke Blatt aufgenäht. Die Umrandung ist im Zusammenhang mit dem Stiel genäht. Man nimmt zwei ungeteilte Twistfäden, fängt am Stielende an und näht beide Fäden mit kleinen Überfangstichen nieder. Hat man die untere Blattspitze erreicht, läßt man einen Faden liegen und näht mit einem Faden zunächst die Blattader, dabei hält man den Faden auf dem Hinweg mit kleinen Überfangstichen nieder. Zurückgehend legt man den Faden dicht daneben und näht an den gleichen Stellen wie beim Hingehen einen Überfangstich über beide Fäden, siehe Arbeitsprobe am Stiel. Von der Blattspitze aus nimmt man wieder beide Fäden und näht rund um das Blatt 2 Fäden mit Überfangstichen auf. Den Stiel sticht man wie die Blattader. Für das herzförmige Blatt werden 2 Stoffe übereinander appliziert. Die untere Form zeichnet man auf dunklen und die obere Form auf gleichen hellen Stoff auf. Man schneidet diese Formen mit 5 mm Stoffzugabe zu. Diese Zugabe wird umgeschlagen und erst die dunkle Form und darauf die helle Form aufgeheftet. Mit kleinen, fast unsichtbaren Saumstichen werden beide Formen aufgenäht. Über die helle Blatthälfte spannt man ein Fadengitter, das an den Kreuzungen mit kleinen Stichen niedergehalten wird. Auf den linken Rand der großen Blattform stickt man mit einfädigem Twist eine weitläufige Kreuznaht. Die

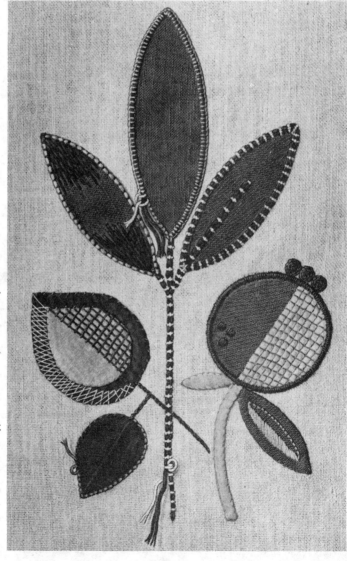

Applikation

Form des kleinen Blattes wird genauso vorbereitet. Nach den Saumstichen führt man den dicht am Rand laufenden Steppstich aus. Beim Gallapfel ist das Rund vorbereitet und der äußere Rand mit Schnurstich überstickt. Das Fadengitter wird mit vierfädigem Twist ausgeführt. Die 3 kleinen Runds sind in Kettenstich gestickt und für Stiel und Blätter sind die Formen ebenfalls aufgesäumt. Flach- und Steppstiche sind für die Verzierung des größeren Blattes verwendet worden.

Die Applikation ist eine Handarbeitstechnik mit vielen Möglichkeiten, besonders für die Gestaltung großzügiger Entwürfe. Aus unterschiedlichen Stoffen werden die Formen ausgeschnitten und auf den Grundstoff genäht oder mit Zierstichen aufgestickt. Besonders reizvoll ist eine Applikation, wenn die typischen Strukturen verschiedener Materialien und Gewebearten bewußt eingesetzt werden. So sollte man auf den Gegensatz von matten und glänzenden, von feinen und groben Materialoberflächen ebensowenig verzichten, wie auf gemusterte oder ungemusterte Stoffe. Bei lockeren Geweben ist es ratsam, auf der Rückseite Klebevlies aufzubügeln, bevor man die Formen ausschneidet. Dadurch kann verhindert werden, daß die Schnittkanten ausfransen. Auch für das Befestigen der Stoffteile sind die unterschiedlichsten Garne geeignet, wie Nähseide, Knopflochseide, Twist, Perlgarn, Wolle usw. Perlen und Knöpfe können eine solche Handarbeit

interessanter machen. Die Applikation verlangt einen klaren flächigen Entwurf. Sehr kleine und feingliedrige Formen sind nicht gut für diese Technik geeignet. Vor Beginn der Arbeit sollte ein Papierklebeentwurf angefertigt werden. Sind die einzelnen Formen ausgeschnitten, verteilt man sie auf der vorhandenen Grundfläche. Dann werden die Formen aus den entsprechenden Stoffen zugeschnitten und auf den Grundstoff gesteckt. Die Abbildungen auf diesen Seiten zeigen deutlich, wie eine farbige Applikation entsteht und wie vielseitig die Gestaltung durch unterschiedliche Sticharten ist. Siehe auch die Abbildungen auf Seite 52 und 53.

Applikation

Für die Kante auf dieser Seite haben wir Baumwolltüll gewählt und darüber feinen Wäschebatist mit der Aufzeichnung der beiden Blumenmotive und der jeweiligen Randabschlüsse geheftet. Für den oberen Zweig nimmt man Glanzstickgarn und näht mit kleinen Vorstichen alle Linien des Musters nach, stickt darüber dichten Schnurstich und schneidet dann den Stoff weg. Bei dem unteren Blumenstengel heftet man die Formen 5 mm innerhalb der Aufzeichnung mit Heftstichen fest, schneidet den Batist 3—4 mm außerhalb neben der Musterzeichnung ab und biegt die Nahtzugabe bis an die Zeichnung nach hinten um. Dann näht man die Bruchkanten mit feinen Saumstichen auf den Tüll. Wie schon bei unserem Motiv zu erkennen ist, muß man Zeichnungen mit runden Formen wählen, denn das Einschneiden und Säumen von scharfen Ecken ist nicht einfach. Unser Original ist naturgroß abgebildet, und leicht ließen sich die Motive für Abschlüsse an kleinen Decken verwenden, und in der Deckenmitte könnte der Batist über dem Tüll stehenbleiben.

Applikation

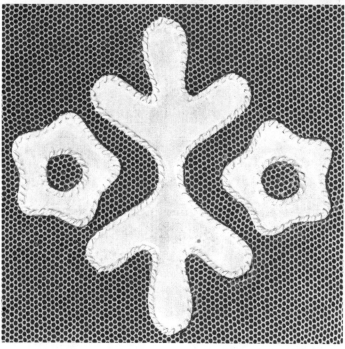

Applikation

Modern und reizvoll ist die Gestaltung dieses Wandschmuckes. Je nach den vorhandenen Stoffresten kann man nach dieser Anregung Individuelles gestalten. Durch die Verwendung von unterschiedlichen Geweben und den daraus entstehenden Materialkontrasten ergeben sich viele Möglichkeiten. Schneller als das Aufsticken der einzelnen Teile mit Zierstichen geht die Arbeit mit der Nähmaschine. Dafür schneidet man die For-

Applikation

men etwas größer als nötig zu, heftet sie auf den Grundstoff und steppt sie mit der Nähmaschine auf. Der überstehende Stoff wird abgeschnitten. Mit der Maschine werden die Ränder mit Zickzackstichen in verschiedenen Stichbreiten und -längen überstickt.

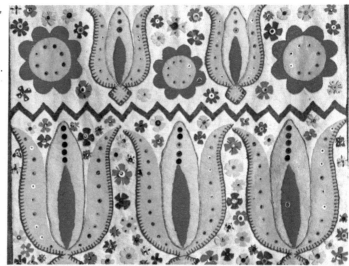

Vorschlag für eine Kante

Applikation

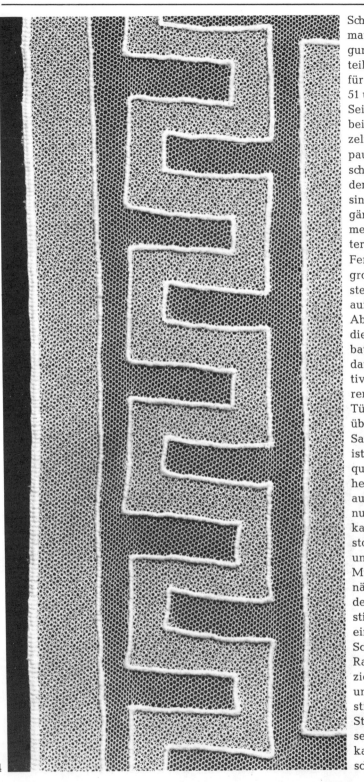

Schöne Wirkungen erreicht man, wenn man einzelne Figuren auf einer Tüllfläche verteilt. Sehr gut würden sich dafür das kleine Motiv von Seite 51 und das große Motiv auf Seite 55 eignen. Für solche Arbeiten wird jedes Motiv einzeln auf Wäschebatist aufgepaust, mit Saumzugabe zugeschnitten und aufgeheftet. Bei dem oberen Bild auf Seite 51 sind noch einmal die Arbeitsgänge für die einzelnen Formen gezeigt, und auf dem unteren Bild ist das fertige Motiv. Fertig gestickt ist auch das große Motiv und das darunterstehende Abschlußkäntchen auf Seite 55. Für das schmale Abschlußkäntchen paust man die Zeichnung auf Wäschebatiststreifen auf und arbeitet dann genau wie bei den Motiven beschrieben ist. Am äußeren Rand biegt man Batist und Tüll nach innen um und näht über beide Bruchkanten kleine Saumstiche. Auf dieser Seite ist die Randkante von einem quadratischen Deckchen zu sehen. Für diese Arbeit ist Tüll auf Tüll gelegt und die Zeichnung wird auf Pausleinen (es kann auch einfacher Wäschestoff sein) übertragen und dann unter beide Tüllagen geheftet. Mit doppeltem Glanzstickgarn näht man den durchscheinenden Linien folgend kleine Vorstiche und stickt darüber mit einfachem Faden dichten Schnurstich. Um einen festen Randabschluß zu bekommen, zieht man 2 Vorstichreihen ein und stickt darüber Langettenstich. Nach fertiggestellter Stickerei wird auf der Rückseite außerhalb der Musterkante eine Lage Tüll weggeschnitten.

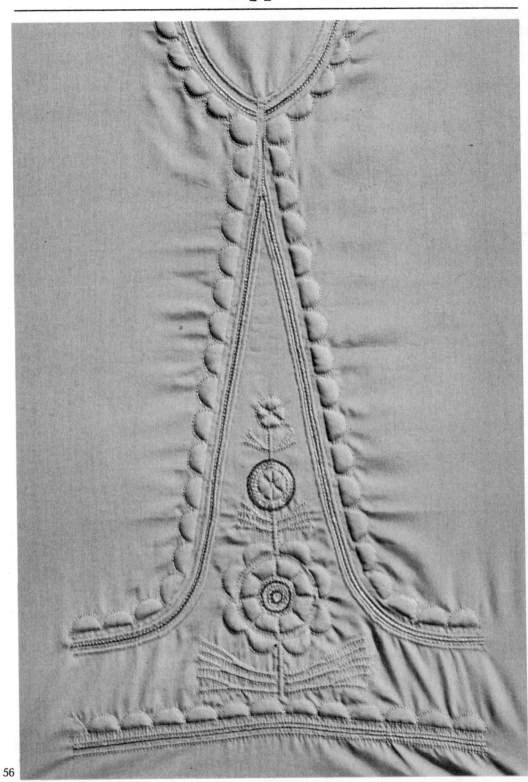

Stepperei

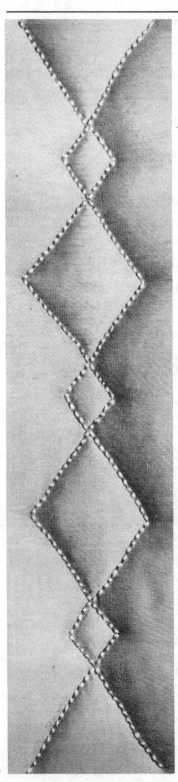

Unter dieser Bezeichnung kennt man 4 Arten. Am bekanntesten ist das Steppen von wattiertem Stoff, wie wir dies bei den Steppdecken finden. Hier wird zwischen Ober- und Unterstoff eine Lage Watte oder Watteline gelegt. Die Stärke der Zwischenlage richtet sich nach dem jeweiligen Gegenstand. Bei größeren Gegenständen (Steppdecke) kann man eine stärkere Einlage wählen, muß dann aber die Arbeiten in einen Rahmen spannen. Für alle Arbeiten braucht man feine Linienzeichnungen, und wenn die Linien mit Vorstichen nachgenäht werden, muß man die Zeichnung auf die unterste Stofflage geben. Wählt man Steppstiche, wie die Figuren auf Seite 57 zeigen, paust man die Zeichnung auf die obere Stofflage auf. Wir führten die Vorstiche sowie auch die Steppstiche mit vierfädigem Twist aus. Sehr gut eignen sich auch geometrische Formen. Für die Stepperei auf Seite 57 verwendeten wir Formen aus der Natur und gleichzeitig zeigen wir dort, wie man die Flächen durch verschiedene Linien innerhalb der Vorzeichnungen abwechslungsreich gestalten kann. Die Abbildungen auf Seite 59 zeigen einen stilisierten Blattzweig in Schnurstepperei und darunter einen Blattzweig mit runden Früchten in Marseiller Stickerei. Bei beiden Arten fällt die Zwischenlage weg, und die Zeichnung für diese Arbeiten wird auf die untere Stofflage gepaust. Die reliefartigen Wirkungen erreicht man durch das Einziehen von starker Wolle. Die oberste Probe auf Seite 61 zeigt den Arbeitsgang der Schnurstepperei. Für diese Arbeiten muß man Musterformen aufzeichnen, bei denen in gleichmäßigen Abständen zwei Linien nebeneinanderlaufen. Nachdem man die Linien mit 4fädigem Twist und Vorstichen nachgezogen hat, nimmt man doppelte, sehr starke Wolle und zieht, wie die Probe zeigt, auf der Rückseite die Wolle zwischen zwei Linien ein. Für die Marseiller Stickerei, siehe untere Arbeitsprobe auf Seite 60, wählt man Muster mit größeren Flächen und zieht die Linien ebenfalls mit 4fädigem Twist und Vorstichen nach. Die einfach oder doppelt genommene Wolle wird auch auf der linken Seite hin und her zwischen beide Stofflagen geführt. Mit der Nadel geht man wechselnd von einem Rand zum gegenüberliegenden Rand, wodurch kleine Randschlingen stehenbleiben. Deutlich zeigt diesen Arbeitsgang die Probe. Die Stepperei auf Seite 56 wurde mit der Nähmaschine ausgeführt.

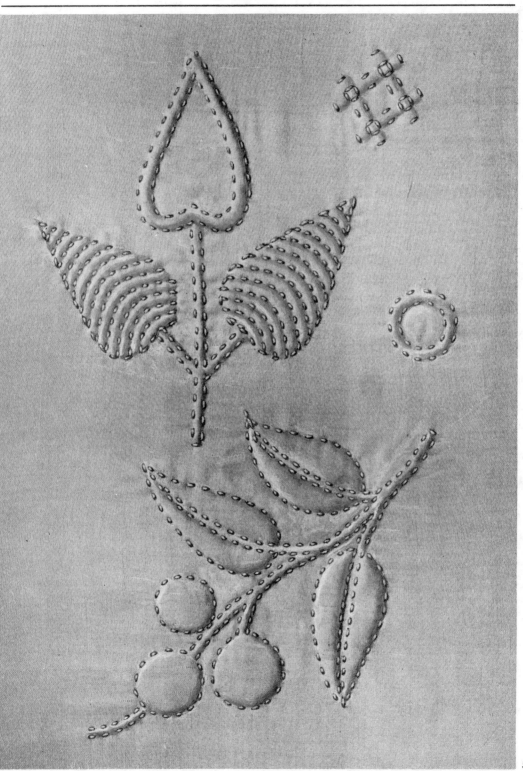

Stepperei

Für diese Stepperei wird zwischen Oberstoff und Futterstoff eine Lage Watteline gelegt. Die geraden Linien stickt man in der Farbe des Stoffes im Abstand von 4 cm mit Vorstichen und die Blüten auf jeden 2. Kreuzungspunkt mit weißen Schling- und Vorstichen.

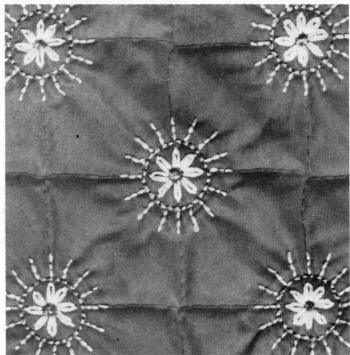

Die Marseiller Stickerei läßt Blüten- und Blattmotive plastisch erscheinen. Die Formen werden auf der Rückseite aufgeschnitten und mit Watte gefüllt. Man kann auch die reliefartige Wirkung durch Einziehen von starker Wolle erreichen.

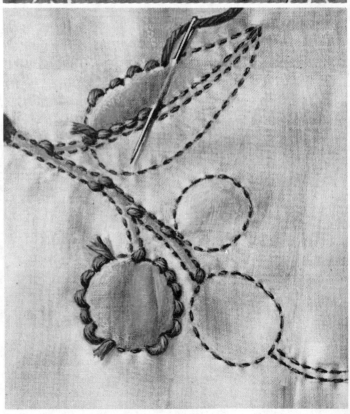

Stepperei

Der stilisierte Blattzweig ist in Schnurstepperei ausgeführt. Zwischen 2 Linien, die man mit Vorstichen nachgestickt hat, zieht man auf der Rückseite starke Wolle.

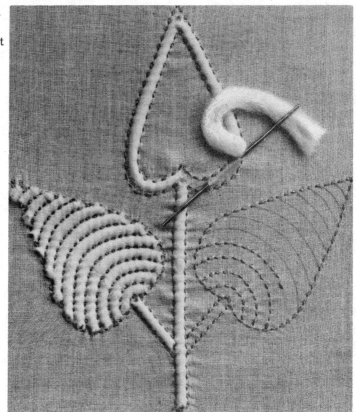

Für größere Gegenstände in Wattestepperei eignet sich dieses Muster. Feine parallel verlaufende Linien werden von Motiven unterbrochen.

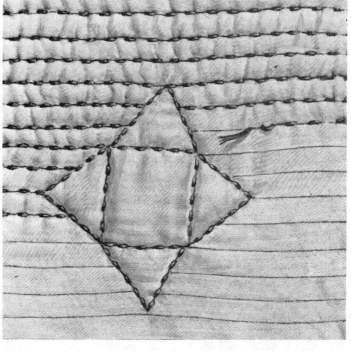

Gewebt und Gefädelt

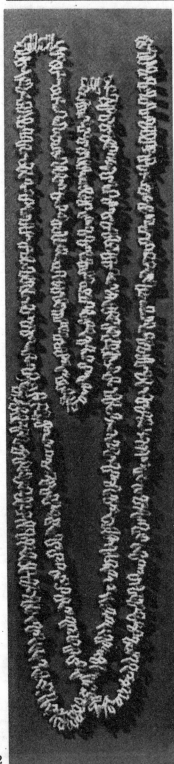

Eine Kette oder ein Armband aus gefädelten Perlen zeigt nebenstehende Abbildung. Viele Variationen können in dieser Technik entstehen. Man fädelt die kleinen Perlen, einfarbig oder ganz bunt durcheinander, auf Nähseide. Häkelt dann ebenfalls mit Nähseide und einer feinen Häkelnadel eine Luftmaschenkette. Mit jeder Luftmasche hält man den Faden von den aufgefädelten Perlen, so daß sich Schlingen aus je 15 Perlen bilden.

Den nebenstehenden Rahmen haben Mitglieder eines Zirkels für bildnerisches Volksschaffen angefertigt. Viele unterschiedliche Holzperlen wurden auf Draht, Schnur und Zwirn gefädelt. Bei der Herstellung eines solchen Rahmens muß auf eine gute Komposition des Farb-, Material- und Größeneinsatzes der Perlen und deren Verknüpfung geachtet werden. Eine Anregung für eigene schöpferische Gestaltung.

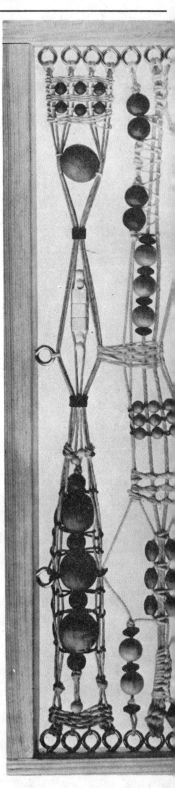

Quasten und Wollbällchen

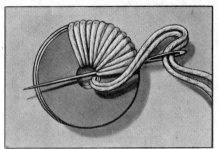

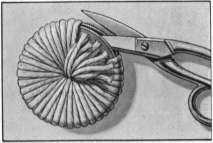

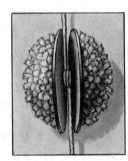

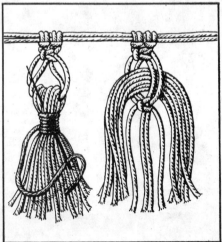

Wollbällchen wie folgt arbeiten: Man zeichnet sich auf Pappe je nach der gewünschten Größe zwei Kreise auf und in jede Mitte einen kleinen Kreis, schneidet die Scheiben aus und ebenfalls die aufgezeichneten kleinen Runds, legt beide Scheiben aufeinander, siehe erste Probe, und näht, wie 2. Probe zeigt, mit doppeltem Faden um den Rand. Ist die Arbeit so dicht ausgeführt, wie 3. Probe zeigt, führt man die Schere zwischen die Scheiben und schneidet die Fäden am Außenrand durch — siehe 3. Probe. Mit einem langen Faden, den man zwischen die Scheiben legt, werden die Fäden abgebunden. Bei der 4. Probe werden die Scheiben bis zur Mitte eingeschnitten. Danach löst man die Scheiben vom Bällchen — die letzte Probe zeigt das verschnittene fertige Wollbällchen.

Will man an die Schnurenden Quasten anarbeiten, zieht man durch die Schnurenden einige Fäden, legt sie genau zur Hälfte, hält sie mit der linken Hand fest und führt mit der rechten Hand mit Nadel und Faden das Umwickeln und Vernähen aus, wie die erste Probe erkennen läßt. Man kann aber auch, wie beide kleinen Zeichnungen erkennen lassen, mit den Schlußfäden der jeweiligen Schnur einen Doppelknoten knüpfen, nach einer Entfernung einen zweiten Knoten knüpfen, um darüber die Fäden zu hängen. Am Anfang der Schnur müßten dafür die Anfangsfäden länger frei hängen, um die Knoten ausführen zu können, wenn man nicht gleich mit dem Knoten beginnt